우리의 사랑스런 딸들
로리사(Lorisa), 리넷(Lynette), 리사(Lisa)에게.
그들은 예수님께서 사랑하시는 믿음과 소망의 여인들입니다.
그들은 우리에게 한없는 기쁨을 주었고,
많은 것을 가르쳐주었으며, 귀여운 손자들을 안겨주었습니다.

예수님이
　　사랑한
　세상의
　　모든 딸들

Jesus, Lover of a Woman's Soul
by Erwin W. Lutzer & Rebecca Lutzer

Originally published in English under the title:
Jesus, Lover of a Woman's Soul
Copyright ⓒ 2006 by Erwin W.Lutzer.
Korean edition ⓒ 2005 by Timothy Publishing House with permission of Tyndale House Publishers, Inc.

All rights reserved.
through the arrangement of KCBS Literary Agency, Seoul, Korea.

이 책의 한국어판 저작권은 KCBS Literary Agency를 통하여
Tyndale House Publishers, Inc와 독점 계약한 도서출판 디모데에 있습니다.
신저작권법에 의하여 한국 내에서 보호를 받는 저작물이므로
무단 전재와 무단 복제를 금합니다.

차례

감사의 글 8

들어가는 글 : 예수님과 현대 여성 10

1 예수, 막달라 마리아를 사랑하시다 17

2 예수, 이혼한 여자를 사랑하시다 49

3 예수, 끈질기게 간청한 어머니를 사랑하시다 85

4 예수, 창녀를 사랑하시다 115

5 예수, 병든 자와 죽어가는 자를 사랑하시다 143

6 예수, 간음한 여자를 사랑하시다 175

7 예수, 염려하며 근심하는 여자를 사랑하시다 201

8 예수, 낭비하는 여자를 사랑하시다 235

9 예수, 막달라 마리아 그리고 전해오는 이야기들 263

감사의 글

틴데일 하우스(Tyndale House)의 훌륭한 팀에게 깊은 감사를 드립니다. 그들의 열정과 탁월함이 우리로 하여금 예수님에 대해 열정적으로, 그리고 이 책에 나오는 모든 여성들을 사랑하는 마음으로 글을 쓰도록 이끌었습니다.

잔 롱 해리스(Jan Long Harris)

샤론 리비트(Sharon Leavitt)

낸시 클라우센(Nancy Clausen)

갈렙 쇼그렌(Caleb Sjogren)

리사 잭슨(Lisa Jackson)

본 스테펜(Bonne Steffen)

잔, 당신은 발행인으로서 우리에게 책을 쓰도록 도전하고 영감을 주었습니다. 편집 책임을 맡은 리사, 당신은 우리를 지도하고 우리와 함께 수고해주었습니다.

우리가 말씀을 묵상하고 원고를 작성하는 동안 후한 대접을 해준 미시간 주 뷰캐넌의 오두막집 직원에게도 감사를 전합니다. 우리는 당신이 베푼 친절을 잊지 못할 것입니다.

마지막으로, 이 책에 나오는 흥미로운 이야기의 주인공이 되어준 친애하는 여성들에게 감사를 전합니다. 당신들의 시련과 고통이 하나님께 쓰임받아, 지금 자신의 영혼을 사랑하시는 예수님을 찾고 있는 다른 여성들에게 용기와 영감을 주기를 기도합니다.

— 어윈(Erwin) & 레베카 루쳐(Rebecca Lutzer)

예수님과 현대 여성

2천 년 전에 살았던 한 남자가 현대 여성과 무슨 관계가 있을까? 그 남자가 예수님이라면, 그 답은 한 마디로 표현할 수 있다. "아주 많은 관계가 있다!"

오늘날 예수님께서는 몇 세기를 가로질러 우리에게 다가오신다. 그분이 오래전에 만났던 여성들에게 주신 것과 동일한 희망과 치유를 받으라고 하신다. 오직 본을 보임으로써 우리를 감화시킬 수 있는 다른 훌륭한 교사들과 달리, 예수님께서는 친히 우리와 접촉하시며, 회복으로의 초대에 응할 것을 요구하신다. 그분은 지친 자에게 쉼을, 영적으로 굶주린 자에게 양식을, 죄진 자에게 용서를 약속하신다. 예수님께서 처음 그 약속을 하셨던 때처럼 오늘날도 그 약속들은 유효하다.

소설 「다빈치 코드(The Da Vinci Code)」[1]에서 레이 티빙은 암호 해독 전문가인 소피 느뵈에게 "예수는 최초의 페미니스트였어요"라고 설명한다. 많은 사람들에게 '페미니스트'라는 단어는 극단적인 개인주의, 낙태의 권리, 어떤 '운동'의 주최자 이미지를 떠오르게 한다. 우리는 예수님께서 현대적 의미에서 페미니스트가 아니셨다고 확실히 말할 수 있다. 또한 댄 브라운(Dan Brown)이 그 소설에서 주장한 것처럼, 예수님께서는 막달라 마리아 위에 교회를 세우려 하지 않으셨다.

만일 우리가 생각하는 '페미니스트'의 의미를, 예수님께서 당시 남자들이 가지고 있던 여성들에 대한 편견과 무시를 받아들이지 않으셨다거나, 또는 합법적인 편견의 한계를 뛰어넘으셨다는 뜻으로 해석한다면 그 말이 맞다. 예수님께서는 '최초의 페미니스트'셨다. 예수님께서 여성들을 대하시는 방식은 매우 혁명적이었다. 그분은 여성들의 사역을 인정해주고 그들을 귀하게 여기셨는데, 이러한 태도는 그 시대에 매우 낯선 것이었다.

---

[1]. Dan Brown, The Da Vinci Code(New York: Doubleday, 2003), 248.

오늘날 비평가들은 기독교가, 남성이 여성을 지배하고 압박하는 문화를 조장해왔다고 말한다. 교회 역사를 통해 여성들이 종종 이류 시민으로 취급되어온 것은 사실이며, 그들에 대한 많은 경멸적인 말들이 그 주장을 뒷받침해준다. 그러나 그런 여성에 대한 편견의 기원이 신약 성경이나 초대 교회에 있다고는 볼 수 없다. 예수님의 죽음과 부활 이후 몇 세기 동안 대체적으로 예수님을 따르던 여성들이 존경을 받았고, 오히려 그들의 남편들은 아내를 존중하라는 가르침을 받아야 했다. 그 후 기독교 작가들이 여성들을 비난한 것은 신약 성경 자체보다 대중 문화와 더 관계가 깊다.

이 책에서 우리는 예수님께서 그 당시 여성들을 평가 절하하던 이중 잣대를 얼마나 무시하시는지 보여주고자 한다. 그분은 결코 구약 성경의 가르침을 부정하지 않으셨고, 오히려 종교 지도자들이야말로 독선적으로 율법을 제한하고 그 교훈 전체를 무시했음을 보여주셨다. 불행히도 종교 지도자들은 그 당시의 관습들을 자신의 개인적인 편견과 융합시키고 그것을 신성한 것으로 여겼다. 하나님의 가정을 세우기 위해 오신 예수님께서는 여성들이 가정의 동등한 구성원임을 확증하고 인정해주셨다. 예수님께서는 포로들에게 자유를 선포하신 일환으로, 여성에 대한 문화적 편견에 반대하셨다. 예수님께서는 분명히 같은 하늘 아버지를 둔 형제 자매들의 새로운 가정을 창조하셨다(막 3:31-35). 따라서 새 가족의 일원으로서 여성들은 동등한 영적 특권을 가져야 한다.

예수님께서는 예배와 가족 구조 내에서 남성 리더십에 대한 구약의 질서를 변경하는 것에 대해 분명한 언급을 하지 않으셨다. 그분은 심지어 열두 명의 남자 사도들을 택하셨다. 하지만 개인적인 관계에 있어, 여성을 이류 계급으로 분류하는 당시 문화를 무시하셨다. 그분의 면전에서 여성들은 감추었던 모습을 드러내고 하나님의 딸로 인정을 받았다.

많은 사람들이 예수님을 따르기 위해 모든 것을 버린 남자들의 이야기를 알고 있다. 하지만 그들처럼 모든 것을 버리고 예수님을 따른 여성들은 종종 간과하는 경향이 있다. 당시 유대인 여성들이 성경을 읽는 것은 물론, 집안 일 때문에 잠깐 외출하는 것 외에 집을 나가는 것도 금지되었다는 사실을 안다면, 그것이 얼마나 급진적인 사상인가를 이해할 수 있다. 1세기의 랍비는 토라(히브리 성경)를 여자들에게 맡기느니 차라리 불태우라고 말할 정도였다. 그런데 예수님께서는 고대 이스라엘의 먼지 나는 길들을 걸으면서 다양한 여성들에게 말씀을 전하셨다. 사실, 그분은 초대 교회의 가장 중요한 메시지, 즉 자신의 부활에 대한 메시지를 과거가 의심스러운 한 여성에게 맡겨 처음으로 선포하게 하셨다.

간단히 말해서, 이 책의 목적은 당신을 예수님의 마음으로 인도하기 위함이다. 당신은 그분이 많은 금기를 깨셨고, 판에 박힌 고정 관념을 거부하셨으며, 직접 만난 여성들을 돕기 위해 오해받는 것도 기꺼이 감수하셨다는 것을 알게 될 것이다.

만일 당신이 오늘날 예수님을 만날 수 있다면 무엇을 구하겠는가?

용서, 치유, 영생, 구원, 정결, 인정, 소망, 사랑….

예수님을 만난 여성들은 똑같은 필요들을 가지고 있었다. 그 가운데 일부는 예수님을 찾아왔고, 일부는 예수님께서 그들을 찾아내셨다. 그들은 각자 인간적인 자원이 모두 바닥났고, 오직 자신을 이해하고 책망하지 않으시는 분으로부터 오는 기적이 필요했다. 어떤 이들은 큰 믿음을 갖고 있었으나, 어떤 이들은 그렇지 못했다.

이 책에 나오는 모든 이야기들은 거룩한 만남에 대해 말한다. 당신이 가장 깊은 열망을 가지고 그에게 나아간다면, 오늘날도 동일한 예수님을 만날 수 있다. 그분은 성적 편견이 가득한 문화의 소음 속에서도 충분히 들릴 만큼 큰 목소리로 오늘날 우리를 부르신다.

당신이 이 책을 다 읽었을 때, 깊은 확신을 가지고 '예수님께서는 내 영혼을 사랑하시는 분'이라고 말할 수 있기를 기도한다.

그 길로 우리를 인도하는 여행을 함께 떠나보자.

– 어윈 & 레베카 루처(무디 교회), 시카고, 일리노이

1
예수, 막달라 마리아를 사랑하시다

Jesus, Lover of a Woman's Soul

이후에 예수께서 각 성과 촌에 두루 다니시며 하나님의 나라를 반포하시며 그 복음을 전하실새 열두 제자가 함께하였고 또한 악귀를 쫓아내심과 병 고침을 받은 어떤 여자들 곧 일곱 귀신이 나간 자 막달라인이라 하는 마리아와 또 헤롯의 청지기 구사의 아내 요안나와 또 수산나와 다른 여러 여자가 함께하여 자기들의 소유로 저희를 섬기더라.

누가복음 8장 1-3절

칼라(Karla)는 우리가 사역하던 초기에 알게 된 여성이다. 그녀는 어린 시절의 상처로 인해 삶 속에서 받는 도전과 스트레스에 잘 대치하지 못했다. 그녀는 젊고 미성숙한 그리스도인으로서 몇 달 동안 감정적, 영적 혼란 상태에 빠져 있었다. 2년간의 결혼 생활은 큰 도전이었고, 직장에서 스트레스를 많이 받고 있었으며, 정신적으로 힘들어했다.

이 같은 상황들과 더불어 병든 어머니 또한 그녀의 큰 짐이었다. 어머니는 육체적, 정신적 필요들을 채워주는 칼라에게 의지했다. 그녀의 어머니는 이단 종파에서 빠져나온 지 여러 해가 지났는데도 여전히 이따금씩 무서운 환상들과 마귀의 압박에 시달리고 있었다. 최근에도 꿈에서 악한 형상을 보고 너무 무서워 큰 소리로 칼라를 불렀다고 한다.

혼란과 긴장이 마음 속에서 점점 커지자 칼라는 이상하고 무서운 생각을 품기 시작했다. 어느 날 그녀는 한 직장 동료에게 자신이 품은 두려움에 대해 이야기했다. 그는 다른 종교 집단에 속한 광신자였다. 점심 시간이 되자 그 동료는 칼라에게 손을 얹고 이상한 방법으로 기도를 해주겠다고 했다.

잠시 후, 칼라의 귀에 어떤 음성이 들리기 시작했다. 그녀는 현실에 대한 인식이 바뀌기 시작했고, 자기 자신에 대해 과장된 생각을 하기 시작했다.

바로 그날, 변화된 의식 상태 속에서 칼라는 갑자기 일터를 떠나 차를 몰고 이웃집으로 갔다. 한 집 한 집 다니면서 예수와 세상의 종말에 대해 기괴한 말을 했다. 심지어 운동장에 서서 아이들에게 임박한 심판을 경고하기도 했다. 그녀의 평범하지 않은 행위를 지켜보던 한 이웃이 경찰을 불렀다. 경찰에 인도된 칼라는 남편이 도착한 후에도 경찰들에게 비협조적이었다.

그녀의 남편은 그녀를 병원으로 데려가 검사를 받아보게 했다. 거기서도 그녀는 병원 직원에게 자신이 예수의 능력을 가졌노라고 말했다. 그녀가 특별한 힘을 나타내보이겠다며 흥분하자, 병원에서는 그녀를 강제로 제압하고 정신과에서 처방한 진정제를 복용케 했다.

바로 여기서 우리가 개입하게 되었다. 전화로 이 상황을 전해들은 우리는 이 절망적인 젊은 여인을 위해 기도하기 시작했다. 다행히 곧 그녀는 안정을 찾고 말도 이성적으로 하게 되어 다음날 병원에서 나왔다. 의사는 그녀에게 신경 쇠약 증세가 있다고 말하며, 쉬면서 신경안정제를 복용하라고 했다. 그녀는 이성을 되찾았으나 내적인 혼란은 계속되었다.

나(레베카)는 칼라가 병원에서 나온 직후 그녀를 만날 수 있었다. 몇 시간 동안, 하나님께서는 나에게 그녀의 이야기를 들어주고 또 이야기할 수 있는 동정심과 인내심을 주셨다. 그녀의 생각은 매우 혼란스럽고 초점이 없었다. 그녀가 지금까지 알아왔던 자신의 정체성과 자신의 삶, 하나님과의 관계에 대한 모든 것이 갈등 가운데 빠져 있었다. 때때로 그녀는 흥분했다. 슬픔에 못 이겨 이따금씩 소리를 질렀다. 나는 그녀가 마귀의 압제를 받고 있다고 믿었다. 그래서 그녀의 동의를 구한 후, 예수님의 이름으로 직접 그녀를 괴롭히는 악한 영에게 말했고, 그녀에게서 그만 떠나가라고 명령했다. 잠시 후, 그녀의 표정이 매우 편안해졌다. 그녀는 차분해졌고, 자신이 겪고 있는 영적 싸움을 이해하고 또 집중하게 되었다.

우리는 칼라의 회복을 위해 안전하고 조용한 장소, 마음의 평안을 되찾는 데만 노력을 기울이도록 상담과 조언을 받을 수 있는 장소가 필요하다고 생각했다. 그녀가 모든 마귀의 영향력과 압박에서 벗어날 수 있음을 스스로 아는 것이 매우 중요했다. 우리는 영적 전쟁에 관한 책을 쓴 한 목회자 친구에게 칼라의 경험을 이야기했다. 그는 칼라의 어머니를 괴롭히던 어떤 마귀의 영이 칼라에게 옮겨온 것으로 결론을 내렸다. 우리는 칼라의 온전한 해방과 회복을 위해 시간과 노력을 아끼지 않았다. 비록 우리는 이와 같은 문제를 다루는 것이 생소했지만, 마귀의 영들과 싸우는 법을 배우고 싶은 갈망이 있었다. 우리는 그녀에게 우리와 함께 지낼 것을 권유했다.

칼라는 생각하고 반응하는 것이 마치 어린아이 같았다. 그리스도 안에서 자신이 누구인가에 대한 개념이 완전히 산산조각 나 있었다. 절망과 자살에 대한 생각이 그녀를 괴롭혔다. 성경의 진리보다는 사탄의 거짓말을 믿었다. 하지만 기도와 성경 읽기와 성경 공부를 통해, 하나님께서는 우리가 그녀를 성경의 진리와 '올바른 생각'으로 되돌릴 수 있게 해주셨다. 우리가 그녀의 말을 귀 기울여 들어주고, 부드럽고 인내하는 사랑을 보여주자 성령께서 그녀의 영혼을 회복시키는 치유의 과정을 시작하신 것이다.

  우리는 몇 년 동안 칼라와 교제를 지속했다. 그녀의 삶은 그 이후에도 결코 쉽지 않았다. 믿지 않는 남편, 이혼, 혼자서 아이 기르기, 경제적 어려움, 건강 문제, 다른 사람들의 오해 등과 싸워야 했다. 그러나 그녀의 영혼을 사랑하시는 예수님에 대한 믿음은 흔들리지 않았다. 예수님께서 괴롭히던 마귀들로부터 막달라 마리아를 구원하신 것처럼 칼라에게도 똑같은 일을 행하셨다. 그리고 막달라 마리아가 다른 누구보다 예수님을 따르고 사랑하는 데 자신의 삶을 바친 것처럼 칼라도 그랬다. 예수님께서는 다른 누구도 할 수 없는 일을 그들을 위해 해주셨다. 즉, 그들의 죄를 용서하시고 그들을 구원하셨으며, 온전케 하시고 회복시켜주셨다. 그들이 예수님을 그토록 사랑하는 것이 이상한 일일까?

초대 교회에서 여성들이 어떤 역할을 했는지는 일급 비밀 가운데 하나다. 그리고 오늘날 막달라 마리아보다 더 주목받는 여인은 없다.

그녀는 새롭게 관심을 가지고 연구할 가치가 있는 인물이다. 여러 세기 동안 그녀는 그리스도께 자신의 헌신을 나타내 보이기 위해 바리새인의 집에서 잔치를 훼방한 '참회하는 창녀'로 취급되었다. 물론 교회는 공식적으로 그녀가 용서받은 것을 기쁘게 여겼으나, 대부분의 사람들은 그녀를 '창녀'로 낙인찍고 비난했다. 그녀는 그리스도께 나아간 것 때문에 마지못해 칭찬을 받았지만, 주홍 글씨의 불명예를 피할 수는 없었다.

이 잘못된 인식은 AD 591년, 그레고리 교황이 누가복음 7장에 나오는 이야기의 주인공인 창녀가 누가복음 8장에서 일곱 마귀의 압제에서 해방된 막달라 마리아라는 메시지를 전한 데서 비롯되었다고 할 수 있다. 그러나 학자들은 그렇게 연관지을 근거가 없다는 데 의견이 일치한다. 누가복음에 나오는 무명의 창녀 이야기는 나중에 언급된 막달라 마리아와 아무 상관이 없다. 1964년 제2차 바티칸 공의회가 열릴 때까지 가톨릭 교회는 공식적으로 그 오류를 수정하지 않았다.

누가복음 8장 1-3절을 읽어보면, 저자가 막달라 마리아를 예수님의 생애에 등장한 새로운 인물로 소개한다는 사실에 동의할 것이다. 시몬의 집에서 열린 잔치에서 예수님께 향유를 부은 여자에 대한 앞의 이야기와 그녀를 연관시키려는 노력은 전혀 보이지 않는다. 물론 마리아는 예수님을 만나기 전에 문제가 많은 여인이었다. 그러나 그녀가 창녀였다는 근거는 전혀 없다.

막달라 마리아는 여러 세기에 걸쳐 여성들의 어려움을 상징하는 존재였다. 즉, 여성들은 종종 오해받고, 불쑥 해고를 당하며, 영적 리더십에 있어 남성들의 역할에 가려져왔다. 예수님의 생애에서 중요한 역할을 한 이 여자도 종종 남성 리더십이 지배하는 교회에 의해 비난을 받아왔다. 교회는 기독교 신앙의 역사에서 여성들의 공헌을 마지못해 인정한 것이 고작이었다.

막달라 마리아에게는 많은 자매들이 있다. 그녀는 우리 교회의 회중석에 앉아 있는 많은 여성들, 봉사할 기회가 주어지기를 바라지만 자기가 인정받을 수 있을지 확신하지 못하는 여성들에게 동기를 부여한다. 많은 은사를 받은 여성들이 의미 있는 사역에 참여하고, 자신이 유용하게 쓰임받는다고 느끼며 존중받기를 원하지만 오늘날 그렇지 못하다. 은밀한 혼란 속에서 시작된 마리아의 인생 이야기는 결국 예수님의 개인적인 인정을 받는 것으로 끝을 맺는다. 이것은 우리 모두에게 소망을 준다. 소란스러운 과거를 지닌 이 여자가 결국 주님의 부활을 가장 처음 목격한 것이다.

이 책의 마지막 장에서는 영지주의 복음이나 소설 「다빈치 코드」로 인해 불거진 막달라 마리아에 대한 현대적 논쟁을 다룰 것이다. 그녀와 성배, 프랑스 왕족과의 관계에 대한 질문들에 답할 것이다. 그러나 이 장의 나머지 부분에서는 그녀와 예수님의 관계를 보여주는 몇몇 장면들을 살펴봄으로써 신약성경에서 그녀의 위치를 연구할 것이다.

예수님에 의해 변화됨

예수님께서는 그 시대의 랍비들이 전혀 찬성하지 않는 일을 하셨다. 즉, 여자들에게 이스라엘 전역을 함께 여행하도록 허락하신 것이다. 그 가운데 한 명이 막달라 마리아였다. 그녀의 고향만 소개된 것으로 보아 미혼이었던 것이 분명하다. 막달라라는 이름은 아마도 현대의 미그달(Migdal)을 말하는 것으로,

고대 갈릴리 서부 해안의 역사적으로 중요한 농업, 어업, 무역의 중심지였다.

우리는 마리아와 예수님이 처음 만난 곳이 어디인지 모른다. 아마도 예수님께서 갈릴리 근처 마리아의 고향을 방문하신 때였을 것이다. 그녀는 예수님의 기적에 대해 들었고, 그분의 치유하시는 힘으로 구원을 얻고자 했다.

막달라 마리아의 특징은 예수님의 명령으로 귀신이 떠나가는 것을 경험했다는 점이다. 그녀는 악한 영들에 사로잡혀 있었고, 그 영들은 분명 그녀를 위협했을 것이다. 마리아에게 들어갔던 일곱 귀신에 대한 여러 가지 추측들이 있었다. 14세기 이탈리아 시인 단테는 막달라 마리아의 귀신들이 문자 그대로 귀신이 아니라고 믿었다. 즉, 그는 그것을 교만, 시기, 분노, 무절제, 음탕(정욕 또는 호색), 탐욕, 영적 게으름의 일곱 가지 상처로 보았다.

사실, 단테가 마리아의 곤경을 그렇게 신중하게 다룬 것도 무리는 아니다. 그러나 귀신들에 대해 언급하는 신약 성경 본문들을 고대 시대의 미신들로 해석해서는 안 되며, 또한 그것은 정신적인 상처를 상징하는 말도 아니다. 성경은 예수님께서

독립적으로 존재하는 영들, 그분의 권위에 반항하려 하고 심지어 때때로 그분에게 말대꾸하기도 하는 다른 영들을 종종 만나셨음을 보여준다. 따라서 우리는 막달라 마리아가 예수님을 만났을 때, 예수님께서 그들의 힘으로부터 그녀를 해방시켜주신 것으로 알고 있다.

인간 행동의 근본 동기들에 관심이 있는 우리는 마리아 옆에 앉아 그녀의 과거에 대해 묻고 싶을 것이다. 그녀가 언제 이런 귀신들을 알게 되었는지, 그 고통을 어떻게 견뎌왔는지 궁금할 것이다. 그녀는 신비 의식에 빠져 있었던 것일까?

물론 우리는 이 질문들에 대한 답을 알 수 없다. 그러나 보이지 않지만 강하고 악한 존재들에게 시달리는 사람들의 공통된 특징을 조금 알고 있다. 그런 사람들에게는 종종 죄책감, 두려움, 자기 혐오감, 불안 등이 나타난다. 우리는 매우 침울하고 삶의 의지를 상실한 마리아의 모습을 상상할 수 있다. 그녀 자신이 옳다고 알고 있는 것과 실제로 무언가에 이끌려 행하는 일들 사이에서 끊임없는 싸움이 있었을 것이다. 그녀에게 반사회적으로 행동하는 경향이 있었을까? 틀림없이 그녀는 당혹스럽고 부끄러웠을 것이다. 자신에 관한 모든 것이 마음에 들지 않고, 저주받았다고 느끼며, 매우 혼란스러웠을 것이다.

예수님에 의해 해방된 후, 자신에게 일어난 두 가지 현실에 감격한 그녀의 모습을 그려볼 수 있다. 첫째, 그녀는 깨끗해졌다. 내적 감정의 소용돌이가 멈추었고, 고통당하던 영혼이 평온해졌다. 둘째, 존귀한 존재로 인정받았다. 절망 속에서 보낸 몇 년 만에 그녀는 자신을 자유롭게 해줄 존재를 찾았다. 그분은 그녀 안에서 구원과 속죄 그리고 사랑스러운 무언가를 보셨던 것이다. 다른 사람들 모두의 의견을 합한 것보다 그분의 생각이 훨씬 더 중요했다.

마리아의 변화는 주목할 만했다. 아마도 그녀는 더 젊어 보였을 것이다. 세상 짐을 그 가냘픈 어깨에서 내려놓았으니 말이다. 다른 사람들이 그녀를 어떻게 생각하는지는 더 이상 중요하지 않았다. 그녀는 자신의 인생을 변화시킬 능력을 가진 한 사람을 만났다. 이제 그분을 따르고 섬기기 위해 자신을 바치려 한다.

예수님을 따르는 사람

우리가 아는 한, 마리아는 다시 막달라로 돌아가지 않았다. 만약 돌아갔다 해도 잠깐 방문한 것이 전부였을 것이다. 그녀는 헤롯의 청지기, 구사의 아내인 요안나, 수산나와 함께 여성들의 측근 그룹에 속하게 되었다. 그 가운데 일부는 누가복음에 열거되어 있고, 일부는 언급되지 않았다.

우리가 스스로를 무가치하게 느낄 때, 그리고 우리의 이름이 기록되거나 높임을 받지 못할 때 이것을 기억해야 한다. 예수님과 동시대를 살았던 모든 신실한 사람들의 이름이 성경에 기록되지 않았다는 사실이다. 우리의 이름이 신문에 나거나 명부에 실리지 않더라도 하나님께서는 우리가 누구인지 아시며, 우리는 마리아처럼 그분께 특별한 존재라는 것이다.

성경은 이 여성들이 "자기들의 소유로 저희를 섬겼다"고 말한다(눅 8:3). 그들은 예수님과 그분의 제자들을 재정적으로 도왔을 뿐 아니라, 인격적으로 또 영적으로 섬겼다. '섬기다'라는 단어는 헬라어 'diaokinos'로, '여집사'(deaconess)라는 말이 거기서 유래했다. 바울은 로마서 16장 1절에서 뵈뵈를 'diaokinos'라고 부른다. 예수님을 도왔던 이 여성들은 최초의 여집사들이었다.

예수님과 제자들은 생계를 위한 돈이 필요했다. 여러 곳을 다니며 복음을 전한다고 해서 임금을 받는 것은 아니었다. 예수님 자신이 말씀을 전하고 기적을 행하는 것에 대한 보수를 받지 않으셨다. 이 여성들은 기도하고, 양식을 마련하여 식사를 준비하며, 친절과 격려를 통해 그들의 역할을 다함으로써 주님을 도왔다. 도시로 마을로 돌아다니고, 자주 들판이나 동굴에서 생활하면서도 이 여성들은 계속 예수님을 따라다니며 도왔다. 마리아는 예수님의 측근 가운데 한 명으로, 예수님과 함께 여행하며 필요한 것을 공급해주던 여성들 가운데 하나였다.

랍비들은 결코 이것을 너그럽게 보지 않았을 것이다. 당시 여자들은 믿을 수 없고 유혹하는 존재로만 간주되었다. 보통 남자들이 정욕을 느끼고 그 결과 부정한 관계까지 가게 되는 것에 대한 책임도 여자들에게 돌렸다. 그러므로 공식적인 종교 지도자들은 자칫 이상한 관계로 오해받을 수 있는 사람과 함께 여행하는 일을 부적절하게 여겼을 것이다. 그러나 예수님께서는 남자들이 자기들의 성적인 무분별과 정욕을 여자들 탓으로 돌리는 것을 허용하지 않으셨다. "나는 너희에게 이르노니 여자를 보고 음욕을 품는 자마다 마음에 이미 간음하였느니라"(마 5:28)고 말씀하심으로써 예수님께서는 남자들의 부정한 욕망에 대한 책임을 단호하게 그들 자신에게 지우셨다. 그들은 자신을 절제할 책임이 있고, 필요하다면 죄를 짓지 않기 위해 자신의 눈을 빼어버려야 한다(29절).

예수님께서는 여성들을 사역에서 무가치한 존재로 간주하고 제외시키지 말 것을 분명히 하셨다. 무리 지어 여행했기 때문에 서로 적절한 예의를 지키는 것이 가능했을 것이다. 또한 예수님께서 계신 것 자체가 어떤 부정한 관계를 예방했을 것이라고 확신할 수 있다. 예수님께서는 사역을 돕고자 하는 경건한 열정을 가진 여성들과 함께 있는 것을 피하지 않으셨다.

그러나 다른 랍비들은 여자들을 '저능한' 부류로 여겼기 때문에 그 그룹과 함께하지 않았다. 바리새인의 한 분파는 매일 아침 이렇게 기도했다. "하나님, 제가 여자가 아니라서 참 감사합니다." 더욱이 남자는 빵을 태운 일 같은 사소한 일로 아내와 법적으로 이혼하기 위해 손뼉만 세 번 치면 되었다. 여자는 그저 아이를 낳고 남자들의 시중을 드는 존재로만 여기는 태도가 지배적이었다.

예수님의 생각은 다르셨다.

남성 리더십에 대한 성경적 가르침을 잘못 이해함으로

남자들이 여자들에 대해 우월감을 갖는 경우가 많았다. 예수님 시대의 바리새인들 때문이든, 몇몇 교회의 지도자들 때문이든 여성들은 자주 은사를 발휘하는 데 제한을 느꼈다. 그러나 많은 이들이 그런 실망스러운 상황을 극복하고 그리스도의 이름으로 위대한 일들을 이루었다. 막달라 마리아처럼 그들은 자신의 한계를 초월하여 복음의 영역에서 중요한 역할을 했다.

다음 예들을 보자. 파비올라(Fabiola)라는 여성은 유럽에 최초의 기독교 병원을 세웠다. 에이미 카마이클(Amy Carmichael)은 인도에 학대받는 소녀들을 위한 기독교 고아원을 열었다. 젊어서 미망인이 된 엘리자베스 엘리엇(Elisabeth Elliot)은 자신의 남편을 살해한 에콰도르의 아우카 부족과 함께 지내며 섬기고, 신약 성경을 그들의 언어로 번역하기 위해 언어를 익혔다.

우리는 예수님께서 이 재능 있는 여성들뿐 아니라 교회사 전체를 통해 두각을 나타내는 더 많은 여성들을 칭찬하신다는 것을 알고 있다. 그들의 비전과 결단이 하나님 나라를 위해 위대한 일들을 하도록 많은 동기를 부여했다.

십자가 앞에서

이 여성들은 예수님과 처음 관계를 맺었을 때부터 십자가에 못 박히실 때까지 계속 예수님을 도왔다. 십자가 사건을 이야기하는 성경 본문을 보자. "예수를 섬기며 갈릴리에서부터 좇아온 많은 여자가 거기 있어 멀리서 바라보고 있으니 그중에 막달라 마리아와 또 야고보와 요셉의 어머니 마리아와 또 세베대의 아들들의 어머니도 있더라"(마 27:55-56). 여기서 막달라 마리아는 다른 사람들보다 예수님께 더 중요한 사람, 또는 더 특별한 사람으로 선발되지 않았다. 이 모든 여인들은 개인적으로 큰 위험을 감수하고, 그들의 친구이자 구세주의 무시무시한 십자가 앞에 가까이 다가와 있었다.

막달라 마리아가 예수님의 십자가 앞에 있었다는 사실로 그녀의 헌신의 깊이를 알 수 있다. 사도 요한은 그 장면을 이렇게 묘사한다. "예수의 십자가 곁에는 그 모친과 이모와 글로바의 아내 마리아와 막달라 마리아가 섰는지라"(요 19:25). 그들은 함께 서서 공포에 떨며 울었다. 그곳은 여자가 있을 곳이 못 되었다. 물론 남자가 있을 만한 곳도 아니었다.

멜 깁슨(Mel Gibson)의 영화 〈패션 오브 크라이스트

(Passion of Christ)〉는 십자가에 못 박힌 자들의 고통을 다른 면에서 바라보게 해주었다. 한 무리의 병사들과 군중들 때문에 여자들이 예수님의 십자가에 가까이 다가가기는 무척 힘들었을 것이다. 그러나 시간이 지나면서 점차 모인 사람들이 줄어들자 여자들은 가까이 다가가 "마침내 그분의 낮은 신음소리를 듣고, 그분의 상처에서 피가 서서히 흘러내리는 것을 보며, 힘없고 낮은 목소리로 자기 어머니 마리아를 사도 요한에게 부탁하는 말을 들을 수 있었다."[1]

아마도 그리스도께서 자신의 어머니를 요한에게 부탁하신 후, 곧 대부분의 여자들은 그 자리를 떠났을 것이다. 그러나 두 여자만은 떠나지 않았다. 한 명은 야고보와 요셉의 어머니였고, 또 한 명은 막달라 마리아였다. 그들은 예수님께서 돌아가시고 그분의 시신이 옮겨질 때까지 그 자리에 남아 있었다.

은밀하게 예수님을 따르던 아리마대 요셉이 로마 총독 빌라도에게 예수님의 시신을 달라고 했다. 빌라도는 그의 요청을 들어주었다. 예수님의 또 다른 제자, 니고데모라는 사람의 도

---

[1]. M. Madeline Southard, The Attitude of Jesus Toward Women(New York: George H. Doran Company, 1927), 133.

움으로 요셉은 십자가에서 시신을 내렸다. 그 두 남자는 값비싼 향품과 함께 예수님의 시신을 세마포로 싸서 새로 판 바위 무덤 속에 두었다. "돌을 굴려 무덤 문에 놓으매 때에 막달라 마리아와 요세의 어머니 마리아가 예수 둔 곳을 보더라"(막 15:46-47).

그들은 마지막까지 십자가를 떠나지 않았고, 처음으로 무덤 속에 계신 주님을 본 것이다.

마리아는 자신의 인생을 새롭게 시작하게 해준 예수를 사랑했다. 그분은 그녀의 과거를 용서해주셨고, 그녀에게 영원한 미래를 주셨다. 또한 그분의 사역을 도움으로써 자신의 존엄성을 되찾게 해주셨다. 그녀의 열정적인 사랑은 바로 그녀가 받은 구원과 용서의 결과였던 것이다. 많이 용서받은 그녀는 많이 사랑했다.

열두 제자처럼 마리아도 그리스도의 죽음을 맞이할 준비가 되어 있지 않았다. 예수님께서 곧 자신이 죽을 것이라고 예고하셨을 때, 그분을 가까이서 따르던 자들은 그 말을 믿으려 하지 않았고, 그저 그런 일이 일어나선 안 된다고 말할 뿐이었다. 메시아가 악한 인간들에게 정복당할 만큼 무력해지는 것이 가능하다 하더라도 그것만큼은 믿기 어려웠다. 그들은 예수님과 함께

하는 동안 그분이 항상 원수를 이길 수 있다는 결론을 내렸다. 그들 자신의 눈으로 직접 보았던 것이다. 그러나 지금 그 예수님께서 죽으셨다. 그들은 망연 자실했다. 또한 그분의 죽음을 전혀 기대하지 않았기에, 그분의 부활은 더더욱 기대하지 않았다.

마리아는 유대인의 안식일이 끝날 때까지 기다렸다가 동트기 전 다른 여자들과 함께 조용히 예수님의 시신이 있는 무덤으로 갔다. 관례상 여자들은 시신 옆에 향품을 둠으로써 장례 치를 준비를 했다. 마리아는 그 일을 하기 위해 예수님의 시신을 찾으러 간 것이다. 그러나 그녀가 찾던 그분을 찾지 못한 사실이 우리에게는 얼마나 감사한 일인가!

마리아는 또한 자신의 의문에 대한 답을 찾기 위해 무덤으로 갔다. 자신을 일곱 귀신들로부터 해방시킨 능력 있는 분이 어떻게 죽으실 수가 있는가? 그토록 믿고 의지하던 분이 어떻게 더 이상 존재하지 않으실 수가 있는가? 어떻게 메시아가 그렇게 끔찍하고 부당한 죽임을 당하실 수가 있는가? "그들이 예수님을 박해하고 십자가에 못 박았을 때, 참으로 하나님께서 얼마나 무력하신가를 보여주었다. 위급한 상황에서 마리아는 이렇게 혼잣말을 했다. '한 사람이 고독하게 버림을 받는구나.'"[2]

부활

마리아는 무덤에 도착했을 때, 무언가 특별한 일이 일어났으리라고는 상상도 하지 못했다. 슬픔은 현실을 왜곡한다. 마리아는 살아 계신 그리스도를 찾지 않고, 죽은 그리스도를 찾고 있었다.

갑자기 한 남자가 그녀에게 말을 걸었다. 그녀는 그를 동산지기로 생각하고 말했다. "주여 당신이 옮겨 갔거든 어디 두었는지 내게 이르소서 그리하면 내가 가져가리이다"(요 20:15).

"마리아야." 그 남자가 그녀의 이름을 불렀다.

선한 목자이신 그리스도께서는 자기 양을 알고 부르신다. "그가 자기 양의 이름을 각각 불러 인도하여 내느니라… 양들이 그의 음성을 아는 고로"(요 10:3-4). 예수님과 우리의 관계는 항상 인격적이다. 우리는 태어나자마자 요람에 번호가 붙여지고, 나중에 사망 증명서에 또 다른 번호가 붙여지는 비인격적인 세상에 태어났다. 그 두 사건 사이에 우리의 정체성은 주민등록 번호나 신용카드 번호 같은 숫자들로 규정된다. 주의하지

---

2. William Barker, Personalities Around Jesus(New Jersey: Fleming H. Revell, 1963), 96.

않으면 누군가 우리의 정체성을 훔쳐갈지 모른다. 그러나 예수님께서는 개인적으로 친밀하게 우리를 알고 다가오신다. 그분은 마리아에게 그러셨던 것처럼 우리의 이름을 불러주신다.

마리아는 즉시 돌이켜 히브리어로 '랍오니여(선생님)'라고 외쳤다(요 20:16). 예수님께서는 "나를 만지지 말라 내가 아직 아버지께로 올라가지 못하였노라"(17절)고 말씀하셨다. 그녀는 예수님을 보고 깜짝 놀라 그분을 만져보려고, 그분의 발을 붙잡으려고 다가갔다. 그러나 예수님께서는 아직 아버지께 올라가지 않았으니 자신을 만지지 말라고 하셨다. 이제 예수님과 그들과의 관계의 성격이 달라졌다. 그분은 더 이상 이 세상의 예수가 아니라, 하늘나라의 예수로 변하신 것이다.

이것이 신약 성경에서 예수님과 막달라 마리아가 단둘이 있었던 유일한 장면이다. 예수님 존전에 선 마리아는 두 가지 면에서 축복을 받았다.

첫째, 예수님께서 "너는 내 형제들에게 가서 이르되 내가 내 아버지 곧 너희 아버지, 내 하나님 곧 너희 하나님께로 올라간다 하라"(17절)고 말씀하실 때 마리아를 그분의 자매로 불러주셨다. 하나님께서 그분의 아버지이자 그녀의 아버지이므로 마리아는 그분의 자매가 되는 것이다. 또한 이때 그분의 제자들을 처음으로 '형제들'이라 부르심으로써 새 가족이 창조되었음을 분명히 보여주셨다. 예수님께서 장남이 되시며, 우리 모두 그 가족의 일원이 된 것이다.

둘째, 예수님께서는 마리아에게 한 가지 과제를 주셨다. "내 형제들에게 가서." 그녀는 제자들에게 돌아가서 자기가 보고 들은 것을 이야기해주어야 했다. 마리아는 부활을 처음 목격한 사람이며, 처음 그 소식을 다른 사람들에게 전하는 증인이 되었다. 기독교의 핵심 교리가 한 여자에 의해 최초로 선포된 것이다.

왜 예수님께서는 마리아를 택하여 이 놀라운 소식을 전하게 하셨을까? 무엇보다도 그녀를 택하신 것은 그녀의 충성스러움 때문이었다. 그녀는 베드로처럼 그분을 부인하지 않았다. 다른 제자들처럼 그분을 떠나지도 않았다. 그분이 죽어가실 때 그녀는 십자가 가까이에 와 있었다. 그분의 시신에 기름을 붓기 위해 무덤까지 왔다. 또 사라진 그분의 시신을 찾고 있었다.

예수님께서 또한 마리아를 택하신 것은 그녀에 대한 사랑 때문이었다. 그녀는 예수님을 사랑했다. 로맨틱한 사랑이 아니라, 그녀 자신을 위해 그분이 행하신 일에 대한 감사와 헌신에서 나오는 사랑이었다. 그분은 귀신에게 시달리는 고통의 감옥으로부터 그녀를 해방시켜주셨다. 그녀의 인생을 극적으로 완전히 변화시키시고, 그녀에게 삶의 목적을 주셨다. 그녀가 그분을 그토록 사랑한 것은 너무도 당연하다. 당신같으면 그렇지 않겠는가? 자유함을 얻고 죄 사함을 받은 우리들도 그분을 깊이 사랑하지 않는가? 모든 죄인에게는 과거가 있고, 모든 성도에게는 미래가 있다.

그러므로 그녀가 그 순간 무덤가에 있었던 유일한 사람이라는 사실을 간과해서는 안 된다. 마리아는 신약 역사상 가장 위대한 여인으로 높임 받을 자격을 얻었다. 이것은 또한 이야기의 역사적 사실성을 입증하는 한 가지 증거가 된다. 고대 세계의 어떤 유대인 저자도 한 여성이 기독교 역사상 가장 중요한 사건의 최초 목격자가 되는 이야기를 지어내지는 않았을 것이다. 사실 유대인들은 여성의 증언을 인정하지 않았다. 그것은 공식적으로나 비공식적으로나 실효성이 없는 것으로 간주되었다. 마리아가 다른 여성들을 동원하여 함께 제자들에게 그 소식을 전하러 간 것은 당연한 일이었다.

당연히 제자들은 예수님께서 살아나셨다는, 마리아와 다른 여자들의 말을 믿지 않았다. "사도들은 저희 말이 허탄한 듯이 뵈어 믿지 아니하나"(눅 24:11). 예수님께서는 마리아에게 이렇게 말씀하셨다. "그들은 너를 믿지 않으나 나는 믿는다… 나는 네가 진실한 여자라는 것을 알고 있다. 네가 나를 위해 메시지를 전할 자격이 있다는 것을 안다."

사복음서 모두 예수님께서 부활 후 처음으로 여자들에게 나타나셨다는 사실을 강조한다. 대럴 보크(Darrell Bock)는 이렇게 말한다. "고대 문화의 더 큰 부분과 대치되는 이 세밀한 부분은, 교회가 예수님께 실제보다 더 높은 지위를 부여하기 위해 부활 이야기를 꾸며낸 것이 아니라는 결정적인 증거 가운데 하나다."[3] 예수님께서는 고정 관념을 깨셨다.

레오나드 스윈들러(Leonard Swindler)는 마리아를 택하여 부활을 선포하게 하신 예수님께서는 분명 여성을 이류로 취급하기를 거부하셨다고 말한다. 그는 예수님께서 여성들을 그분 자신의 복음과 연결시키려고 노력하신 것은 "매우 명백하며,

---

3. Darrell L. Bock, Breaking the Da Vinci Code(Nashville: Nelson Books, 2004), 138.

이천 년 동안 실제로 그것을 분별하지 못했다는 것은 남성들이 지적 근시안을 가졌다는 증거다"[4]라고 말한다. 이 사건은 여성의 가치와 공로에 대한 가장 큰 확증이었다.

마리아는 예수님의 부활로 인해 변화되었다. 우리는 어린 자녀나 다른 사랑하는 사람의 무덤 곁에 서서 앞으로 어떻게 살아갈 수 있을까 막막해하던 사람들을 만났다. 예수님의 부활은 언젠가 그분 자신의 무덤처럼 이들의 무덤도 텅 비게 될 것이라는 사실을 보증해준다. "이는 내가 살았고 너희도 살겠음이라"(요 14:19). 부활이 있다는 것을 모르고 십자가 앞에 서면 좌절감이 몰려올 것이다. 그러나 우리는 "내가 주를 보았노라!"고 외친 마리아처럼, 사랑하는 그리스도께서 살아 계시며 우리도 그분과 함께 영원히 살게 될 것이라는 사실을 확신할 수 있다.

예수님께서는 무력한 사람들, 사회에서 뒤쳐지는 사람들, 도움이 필요하다고 인정한 사람들에게 끌리셨다. 그것은 오늘날도 마찬가지다. 고대 시대의 여성들 또한 예수님께 끌렸다. "그의 순결한 영혼, 이성에 대한 정중한 태도, 하나님 앞에서 남

---

4. Leonard Swindler, "Jesus Was a Feminist," Catholic World (1971): 180.

성들과 동등한 존엄성을 인정해주신 것, 새 왕국을 확장하는 일에 최고의 열정을 요구하시는 모습이 그들로 하여금 주님을 따르게 했다."[5]

히브리서 13장 8절은 이렇게 말한다. "예수 그리스도는 어제나 오늘이나 영원토록 동일하시니라." 예수님께서는 똑같은 이유로 오늘날도 동일하시다. 그 당시 여성들이 예수님이 신뢰할 수 있는 분임을 알게 되었듯이, 우리도 그분을 믿고 의지할 수 있다.

또한 그 후로 예수님께서도 그들이 믿을 만한 친구들이라는 것을 알게 되셨다. 예수님께서는 관례를 버리고 교회 안에서 그들의 역할을 더 확장시켜주셨다. 그들에게 예수님을 도울 수 있게 하셨고, 그들은 그분에게 헌신과 믿음직스러운 모습을 보여드렸다. 야고보와 요한의 어머니가 의문을 가지고 다가왔을 때 그분은 정중하게 들어주셨다. 예수님을 만난 모든 여성들은 그들에게 온전히 주의를 기울여주시는 예수님의 태도 덕분에 자신이 인정받고 있으며 가치 있는 존재라고 느끼게 되었다.

---

5. Southard, The Attitude of Jesus Toward Women, 122에서 인용.

오늘날 예수님께서는 여성들에게 어두운 곳에서 나와 자신의 은사를 발휘하며 최선을 다해 섬기라고 말씀하신다. 막달라 마리아는 우리가 지금 어떠하든 그것이 우리의 미래를 결정하지 않는다는 증거다.

그녀는 또한 예수님께서 우리도 모르게 가까이 다가오실 수 있다는 사실을 상기시켜준다. 우리는 승천하신 그리스도와 함께 걷는다. 그분은 우리 곁에 계신다. 그분은 우리의 이름을 부르신다. 그러나 우리는 너무 바빠서 그 음성을 듣지 못할지도 모른다. 그분은 상황을 통해, 고난을 통해, 한 친구를 통해, 특히 신약의 이야기들을 통해 말씀하시며 우리가 듣기 원하신다. 그분은 우리가 알고 있는 것보다 더 우리 가까이 계신다.

우리는 여성들이 교회사 전체에 걸쳐 중요한 기여를 했다는 사실에 동의할 수 있다. 간과되어왔던 것들 가운데 한 가지가 찬송가 작사다. 여성들이 말하는 것을 허용하지 않는 교회들에서 이 찬송가들이 불려지는 경우도 있다. 그러한 찬송가 작사가 가운데 한 명이 제니 에블린 핫세(Jennie Evelyn Hussey)다. 그녀는 1900년대 초기 뉴햄프셔에 살았다. 자신도 관절염으로 고생하면서 허약한 자매를 돌보는 데 삶의 대부분을 보냈다. 고통이 견딜 수 없을 만큼 커지자 그녀는 '갈보리로 나를 이끄소서' 라는 유명한 시를 썼다. 그 시로 그녀는 우리 시대의 유명한 시인들과 어깨를 나란히 하게 되었다. 우리는 노래한다.

> 주님, 매일 당신을 위해
> 내 십자가를 지기 원합니다.
> 슬픔의 잔을 함께 나눌지라도
> 갈보리로 나를 이끄소서.

그러나 우리 자신의 기도로 삼을 수 있는 시구는 바로 이 것이다.

> 마리아처럼 암흑을 뚫고
> 당신을 위한 선물을 가지고 나아가게 하소서.
> 지금 나에게 빈 무덤을 보여주시고
> 갈보리로 나를 이끄소서.

마리아는 우리가 십자가를 지나 빈 무덤으로 나아가야

한다는 사실을 가르쳐준다. 거기서 우리는 눈물을 통해, 주께서 우리의 이름을 부르실 때 희망과 도움을 만나게 된다. 또한 우리의 이름을 들을 때, 우리는 인생길에서 만나는 모든 이들에게 예수님의 복음을 전하라는 사명을 받는다.

아버지를 바라보며… 딸의 기도

아버지! 마리아처럼 저도 예수님의 텅 빈 무덤을 들여다보며, 제 자신의 절망과 고독에도 불구하고 주께서 제 곁에 서 계신다는 사실을 체험하기 원합니다. 마리아를 개인적인 감옥에서 끌어내시고 소망과 치유를 주셔서 감사합니다. 그것은 제 자신과 그리고 주의 은혜를 체험하기 위해 서 있는 모든 주변 사람들을 위한 저의 기도입니다. 저를 사랑하시고 동행하여주시니 감사합니다. 예수님의 이름으로 기도합니다. 아멘.

2
예수, 이혼한 여자를 사랑하시다

Jesus, Lover of a Woman's Soul

사마리아로 통행하여야 하겠는지라 사마리아에 있는 수가라 하는 동네에 이르시니 야곱이 그 아들 요셉에게 준 땅이 가깝고 거기 또 야곱의 우물이 있더라 예수께서 행로에 곤하여 우물 곁에 그대로 앉으시니 때가 제 육시쯤 되었더라 사마리아 여자 하나가 물을 길러 왔으매 예수께서 물을 좀 달라 하시니 이는 제자들이 먹을 것을 사러 동네에 들어갔음이러라 사마리아 여자가 가로되 당신은 유대인으로서 어찌하여 사마리아 여자 나에게 물을 달라 하나이까 하니 이는 유대인이 사마리아인과 상종치 아니함이러라 예수께서 대답하여 가라사대 네가 만일 하나님의 선물과 또 네게 물 좀 달라 하는 이가 누구인 줄 알았더면 네가 그에게 구하였을 것이요 그가 생수를 네게 주었으리라 여자가 가로되 주여 물 길을 그릇도 없고 이 우물은 깊은데 어디서 이 생수를 얻겠삽나이까 우리 조상 야곱이 이 우물을 우리에게 주었고 또 여기서 자기와 자기 아들들과 짐승이 다 먹었으니 당신이 야곱보다 더 크니이까 예수께서 대답하여 가라사대 이 물을 먹는 자마다 다시 목마르려니와 내가 주는 물을 먹는 자는 영원히 목마르지 아니하리니 나의 주는 물은 그 속에서 영생하도록 솟아나는 샘물이 되리라 여자가 가로되 주여 이런 물을 내게 주사 목마르지도 않고 또 여기 물 길러 오지도 않게 하옵소서 가라사대 가서 네 남편을 불러오라 여자가 대답하여 가로되 나는 남편이 없나이다 예수께서 가라사대 네가 남편이 없다 하는 말이 옳도다 네가 남편 다섯이 있었으나 지금 있는 자는 네 남편이 아니니 네 말이 참되도다 여자가 가로되 주여 내가 보니 선지자로소이다 우리 조상들은 이 산에서 예배하였는데 당신들의 말은 예배할 곳이 예루살렘에 있다 하더이다 예수께서 가라사대 여자여 내 말을 믿으라 이 산에서도 말고 예루살렘에서도 말고 너희가 아버지께 예배할 때가 이르리라 너희는 알지 못하는 것을 예배하고 우리는 아는 것을 예배하노니 이는 구원이 유대인에게서 남이니라 아버지께 참으로 예배하는 자들은 신령과 진정으로 예배할 때가 오나니 곧 이 때라 아버지께서는 이렇게 자기에게 예배하는 자들을 찾으시느니라 하나님은 영이시니 예배하는 자가 신령과 진정으로 예배할지니라 여자가 가로되 메시야 곧 그리스도라 하는 이가 오실 줄을 내가 아노니 그가 오시면 모든 것을 우리에게 고하시리이다 예수께서 이르시되 네게 말하는 내가 그로라 하시니라.

요한복음 4장 4-26절

이혼은 가장 좋은 이상적인 뜻을 품고 결혼한 사람들에게도 찾아올 수 있다.

여러 해 전 하나님께서는 엘렌(Ellen)이라는 한 사랑스러운 여성을 만나게 하셨다. 그녀의 삶은 수많은 고통과 슬픔과 절망으로 가득했다. 엘렌은 가난하고 난폭하며 부끄러운 가정에서 학대받으며 자랐다. 그녀는 자신이 결혼을 잘했다고 생각했으나, 남편의 비웃음은 곧 잔인하고 성적인 암시가 가득한 조롱으로 변했다. 그녀는 3년 넘게 그의 언어 폭력을 견뎌왔다. 어느 날 밤 그는 그녀에게 간통죄를 뒤집어씌우고 비난하며 심하게 때린 후, 딸을 데리고 떠나버렸다.

몇 주 후 돌아온 그는 그녀와 아이의 목숨을 위협하며 강제로 이혼 서류에 사인하게 했다. 그가 무슨 짓을 할지 두려웠던 그녀는 자기가 그렇게 함으로써 어린 딸의 양육권을 남편에게 준다는 사실도 모른 채 사인을 하고 말았다. 그는 딸을 불과 약 8킬로미터 떨어진 자기 부모님 집에서 살게 하면서도 그 사실을 엘렌이 모르게 했다. 엘렌의 전남편이 딸을 데리고 다른 주로 떠난다는 것을 알게 된 날, 나(레베카)는 그녀와 함께 있었다. 엘렌은 믿기지 않는 현실의 충격으로 땅에 주저앉았고, 소중한 딸을 잃은 슬픔에 큰소리로 울며 소리를 질렀다. 나는 성경에서 위로와 소망의 말씀을 찾아 보여주려 했으나 하나님께서는 멀리 계신 듯했고, 그녀에게 조금도 위로를 주지 못했다.

상심하고 비탄에 잠긴 엘렌은 그 이후 한 남자와 관계를 맺게 되었다. 그의 아내는 그를 버리고 떠났다고 했다. 그는 스스로 그리스도인이라 했고, 그의 이혼이 마무리되자마자 그들은 결혼했다. 이 결혼은 15년간 지속되었다. 그동안 그녀의 새 남편은 수도 없이 부정을 저질렀다. 엘렌은 매번 그를 용서하려고 애썼고, 두 자녀를 위해 결혼 생활을 유지하려고 필사적으로 노력했다. 그러나 그 남자는 결국 그녀를 버리고 다른 여자에게 갔다. 또다시 이혼의 상처를 받은 엘렌은 극도의 굴욕감과 고통을 겪었다.

실직, 노숙자나 다름없는 궁핍함 그리고 심한 정신적 충격을 겪으면서도 엘렌은 두 번째 남편과의 사이에서 얻은 두 자녀를 위해 최대한 좋은 곳에 정착하려고 여러 번 이사를 다녔다. 그녀는 가족을 부양하고, 아이들을 고등학교에 보내며, 또 대학에 보내기 위해 열심히 일했다. 하나님께서 그녀를 도우시고 복을 주시는 듯했다.

그러던 중 함께 일하던 한 남자와 순수하게 우정이 싹텄다. 그 또한 마음의 상처를 겪은 사람이었는데, 하나님을 인정하지는 않았다. 엘렌은 동지로서 그에게 큰 동점심을 느꼈고, 과거의 아픈 기억들을 이겨나가도록 도와주기도 했다. 그들은 좋은 친구가 되었고, 매일 부딪히는 삶의 도전들을 이겨내도록 서로 도왔다. 그녀는 그가 하나님과 구세주가 필요하다는 사실을 알게 되기를 간절히 기도했다.

마침내 그들은 연인 관계로 발전하여 결혼에 대해 이야기하게 되었다. 그러나 몇 달이 지나고 몇 해가 지나자 그들의 관계가 변하기 시작했다. 그는 부정직한 사람들과 어울리면서 다른 여자들을 보기 시작했다. 엘렌은 그가 하나님께 돌아오기를 간절히 바랐으나, 그의 행동은 그녀를 실망시켰다. 그들의 관계에 언어적, 감정적, 육체적 학대가 나타났다. 한때 그토록 장래가 밝아 보였던 관계가 끔찍한 악몽으로 전락해버린 것이다.

다시 한 번 엘렌은 이별과 수치와 고독의 길고 고통스러운 길을 걸어야 했고, 다시 시작해야만 했다. 또 한 번 하나님과 사람들, 즉 아버지, 남편들, 친구들, 가족은 그녀를 실망시켰다. 그녀는 자신이 이용당했으며 버림받았다고 느꼈다. 고통과 절망 속에서 그녀는 죽고 싶었다.

하지만 엘렌은 오늘 살아 있고, 방황하며 힘들어하던 그 시절에도 하나님께서 자신을 버리지 않으신 것을 감사하고 있다. 두 번의 이혼, 부정한 관계들, 깨진 가정으로 인해 상처받은 아이들, 그 어떤 것들도 그녀를 하나님의 사랑에서 끊지 못했다.

우물가의 여인에게 그러셨던 것처럼 예수님께서는 죄악된 과거로 인해 상처받은 사람들에게 다가오시며, 그들에게 더 나은 미래에 대한 소망을 주신다. 그분은 상처받고 절망에 빠진 사람들, 후회와 깊은 상실감을 안고 살아가는 사람들을 사랑하신다.

다섯 번 실패한 결혼!

우물가의 여인은 삶 전체에 대해, 특히 남자에 대해 환멸을 느꼈다. 그녀는 괜찮은 남자를 찾으려고 필사적으로 노력했으나 그녀의 선택에는 한계가 있었다. 새로 결혼할 때마다 지난번보다 나은 결혼 생활이 되기를 바랐다. 그러나 이번에는 또다시 결혼을 한다는 것이 어리석은 일 같았다. 남자들은 사소한 이유로 아내를 버릴 수 있었다. 그녀는 또다시 그런 일을 겪을 수 없었다. 그녀와 함께 산 남자의 과거가 그녀의 과거보다 낫지 않을 수도 있다. 어쩌면 그 남편들 가운데 죽은 사람도 있을 것이고, 그녀가 부양해야 할 자녀들도 있었을 것이다.

그녀는 수치와 죄책감, 분노, 냉소적인 생각으로 가득했다. 그녀는 항상 그런 감정들을 지니고 살아왔다. 그녀는 실패자일 뿐 아니라, 친구들과 특히 그녀 자신에게 실망만 가져다주었다. 그것만으로도 악조건인데 게다가 그녀는 멸시받는 소수민족, 사마리아인이었던 것이다.

비탄에 잠긴 외로운 여자, 그녀는 그 누구에게도 존중받지 못하고 아무 권리도 없었다. 그녀는 과연 누구였는가? 우리는 그녀를 단지 사마리아 여자, 어느 날 아침 자신이 하나님의 선택을 받을 줄 꿈에도 모르고 잠에서 깨어난 우물가의 여자로만 알고 있다.

틀림없이 그녀는 그 동네의 비난거리였고, 사람들이 시장에서 그녀에 대해 숙덕거렸을 것이다. 그녀는 혼혈 종족으로 태어났고, 이교도 앗수르인의 더러운 피가 흐르고 있었다. 유대인들은 이런 사마리아인들을 매우 경멸했다. 개라고 불렀던 이방인들보다 더 나쁘게 여겼다. 물려받은 유산이나 과거의 실적 등 내세울 것이라곤 아무것도 없었다. 그러나 예수님께서는 그녀를 택하셨고, 처음으로 자신이 메시아이심을 그녀에게 밝히셨다.

예수님의 여정

예수님의 시대에 팔레스타인은 경계가 분명한 세 지역으로 나뉘어 있었다. 즉, 갈릴리, 유대, 사마리아였다. 예수님께서 유대를 떠나 갈릴리로 돌아가실 때 "사마리아로 통행하여야 하겠는지라 사마리아에 있는 수가라 하는 동네에 이르시니 야곱이 그 아들 요셉에게 준 땅이 가깝고 거기 또 야곱의 우물이 있더라 예수께서 행로에 곤하여 우물 곁에 그대로 앉으시니 때가 제 육시쯤 되었더라"(요 4:4-6)고 했다.

남쪽 유대와 예수님의 행선지였던 북쪽 갈릴리 사이에 사마리아 땅이 있었다. 그곳은 유대 국가의 아픈 역사를 보여준다. 민족 간의 원한은 BC 722년으로 거슬러 올라간다. 그때 앗수르인들이 이스라엘 땅에 자신들의 이교도 백성들을 거주시키기 전에 수천 명의 유대인들을 자기네 땅으로 데려갔다. 필연적으로 종족간의 결혼이 이루어졌고, 그들의 자손들은 순수한 유대 혈통에 대한 치욕거리로 간주되었다.

유대인들은 실제로 사마리아를 지나가는 것조차 거부했다. 그들은 사해 근처 남쪽 끝에 있는 요단강을 건넌 다음, 훗날 '트랜스 요르단'(Trans-Jordan, 요르단 건너편)이라고 불리는 지역을 지나 강의 동쪽으로 갔다. 그런 다음 갈릴리 근처 더 북쪽으로 다시 강을 건너서 사마리아를 전혀 지나지 않고 갔다. 왜 그랬을까? 그들의 편견과 이교 사상으로 볼 때 사마리아는 안전지대 밖이었기 때문이다. 자존심 강한 유대인이라면 결코 더럽혀진 땅을 밟고 지나가지 않으려 했다. 심지어 사마리아의 빵은 '돼지의 살'이라고 불렀다.

종교적인 장벽도 있었다. 사마리아인들은 성전에서 예배드리기 위해 예루살렘으로 들어갈 수 없었다. 멸시받는 소수민족으로서 그들은 축일을 지키러 예루살렘으로 가지 않았다. 그래서 그들 자신의 종교를 세우고, 그리심 산에 제단을 세웠다. 그곳은 야곱의 우물에서 약 800미터 정도 떨어진 곳에 있었다. 시간이 지나면서 그들의 종교는 우상 숭배로 타락했다.

안타깝지만 오늘날에도 자신과 다른 종교적 관습을 행하거나 그 생활 양식이 우리의 신념에 저촉되는 사람들을 피하는 것이 일반적인 모습이다. 복음을 들고 그들의 세계로 들어가기보다는 그들과 교제하지 않고 유대인들과 똑같은 태도로 손가락질하고자 하는 유혹을 받는다.

유대, 갈릴리, 예루살렘. 유대인들은 이 지역들을 자주 왕래하면서도 절대 사마리아를 거쳐 가지 않았다. 반면 예수님께서는 이 경로를 택함으로써 민족적, 문화적, 종교적 경계선들을 넘어 이 여성에게 희망과 구원을 가져다주기로 결정하신 것이다. 바로 그렇기 때문에 우리는 "사마리아로 통행하여야 하겠는지라"는 말씀에 감명을 받는다(요 4:4). 헬라어 본문은 훨씬 더 명확하다. 즉, 'dei'라는 단어를 포함하고 있는데, 그 말은 '필연적으로'라는 뜻이다. 그것은 예수님께서 열두 살 때 예루살렘에서 율법 선생들에게 말씀하실 때 사용하신 것과 똑같은 단어다. "내가 내 아버지 집에 있어야 될 줄을 알지 못하셨나이까"(눅 2:49).

뜻밖의 요청

예수님과 제자들은 유대의 뜨거운 태양 아래서 여행하다보니 피곤하고, 배고프며, 목이 말랐다. 제자들이 근처 마을로 먹을 것을 사러 간 동안 예수님께서는 야곱의 우물가에 앉아 계셨다. 한 여자가 물동이를 들고 다가왔을 때 예수님께서는 혼자 계셨다. "사마리아 여자 하나가 물을 길러 왔으매 예수께서 물을 좀 달라 하시니"(요 4:7).

이 물을 달라는 단순한 요청이 바로 그녀의 배경, 실패 그리고 누구든지 원하기만 하면 얻을 수 있는 생수의 선물에 대한 광대한 대화로 들어가는 관문이었다. 나중에 돌아온 제자들은 예수님께서 대낮에 홀로 낯선 여자와 대화를 나누시는 것을 보고 깜짝 놀랐다.

왜 그랬을까?

미슈나(Mishna)라고 하는 AD 2세기경의 책을 살펴보자. 이것은 유대인들의 구전으로 전해졌던 율법들을 편찬하여 기록한 율법서로, 예수님 당시 여성들에 대한 유대인들의 태도를 반영해준다. 미슈나는 다른 것들보다 남성이 여성과 이야기할 때 어떻게 해야 하는지를 구체적으로 말한다. "여자들에게 용무가 있는 남자는 절대 혼자서 여자들과 있어서는 안 된다." 나중에는 "여자들과 너무 많이 이야기하지 말라"고까지 경고한다. 왜냐하면 그런 잡담은 자기 자신에게 문제를 일으킨다고 보기 때문이다.[1] 랍비들은 심지어 공적으로 아내나 딸들과도 이야기하지 않았다.

예수님께서는 이런 관습들을 따르지 않으셨다. 이 이야기를 너무 빨리 읽고 지나치면, 예수님께서 사마리아 여자에게 말을 거심으로써 행하신 일의 온전한 의미를 놓칠 수 있다. 이 한 가지 행동으로 예수님께서는 여러 세기 동안 자라온 고정 관념과 금기들을 깨셨다. 그분은 어느 남자에게나 무시당해왔던 한 여성에게 관심과 시간을 내어주셨다. 그분은 공공연하게 그

---

1. Darrell L. Bock, Breaking the Da Vinci Code(Nashville: Nelson Books, 2004), 54.

녀의 마음속 비밀들에 대해 그녀와 이야기하셨다. 예수님께서는 다른 사람들이 가려 하지 않는 곳에 가셔서 다른 사람들이 할 수 없는 일을 하셨다.

그녀는 누구였는가? 멸시받던 사마리아 여자, 부도덕하고 가난한 이교도였다.

그녀의 마음의 짐은 마을로 지고 들어갈 물동이보다 더 무거웠다. 예수님께서는 자신이 그녀를 도와줄 수 있는 유일한 사람이라는 것을 아셨다. 그녀가 왔을 때 그분이 그곳에 계셨다는 사실이 중요했다.

개인적인 대화

요한은 그 여자가 '제 육시'에 우물가에 왔다고 말한다. 고대 시대에 제 일시는 오전 여섯 시였다. 그러므로 그녀는 해가 중천에 뜬 정오쯤 우물가에 왔다고 추측할 수 있다.

왜 이런 자세한 설명이 필요한가? 그 마을의 여자들은 종종 그룹으로 떼지어 물을 길러 왔다. 보통 그들은 뜨거운 정오의 햇빛을 피하기 위해 아침에 왔다. 아침 일찍 우물가에 와서 다른 여자들과 수다를 떨며 사교적인 모임을 즐기는 것이 관행이었다. 그들은 교제를 나눌 기회가 거의 없었기 때문에 이 일상적인 일을 사교의 수단으로 삼았던 것이다.

그러므로 이 여자는 다른 여자들과 마주치지 않으려고 대낮에 혼자 우물가에 왔을 가능성이 크다. 그녀는 아마 숱하게 그들의 험담거리가 되었을 것이다. 또한 그들과 어울리고 싶은 마음이 있었더라도 거절과 멸시 그리고 외면당하는 아픔 때문에 그들이 다 돌아갈 때까지 나타나지 않았을 것이다.

다른 여자들이 그녀에게 말할 기회만 주었더라면 그녀는 남편들이 얼마나 사소한 이유로 자기를 버렸는지, 자식들을 먹여 살리기 위해 어쩔 수 없이 또다시 결혼을 했던 이야기며, 남자들의 약속과 거짓말에 우롱당한 이야기들을 속 시원하게 털어놓을 수 있었을 것이다. 그러나 그녀는 자신을 따돌린 다른 여자들을 원망하지 않았다. 그녀는 그 마을에서 자신의 소문이 매우 좋지 않게 나 있는 것을 알고 있었다. 그것이 정당하든 부당하든 그녀는 멸시당했고 외로웠다.

여기, 예수님의 말씀을 반드시 듣고 오직 그분만이 가르쳐주실 수 있는 교훈을 배워야 하는 한 여자가 있었다. 그녀에게는 다른 원천에서 나오는 새로운 종류의 물을 마셔보라는 권유가 필요했다. 그 물은 그녀에게 새로운 삶의 질을 선사할 것이다. 그리고 이 여자를 통해 다른 많은 사람들이 영원한 생명을 발견하게 될 것이다.

예수님께서 사마리아 여자에게 물을 달라고 하셨을 때, 그녀는 그 피로에 지친 낯선 사람이 유대인임을 즉시 알아보았다. 깜짝 놀란 그녀는 말했다. "당신은 유대인으로서 어찌하여 사마리아 여자 나에게 물을 달라 하나이까"(요 4:9). 그녀가 놀란 것은 유대인이 여자, 그것도 사마리아 여자인 자신에게 물을 달라고 했을 뿐 아니라, 예수님께서 자신의 물통도 가지고 계시지 않았기 때문이었다.

예수님 당시 대부분의 여행자들은 어디서든 물을 먹을 수 있도록 물통을 가지고 다녔다. 아마 예수님도 가지고 계셨지만 제자들이 채워오기 위해 마을로 가져갔을 것이다. 또 다른 유대 율법은 유대인들이 이방인의 그릇에 담긴 물을 먹는 것을 금했다. 그것은 의례상으로 그들을 더럽히기 때문이며, 실제로 눈으로 보기에도 불결했을지 모른다.

예수님께서는 그녀의 질문에 직접적인 답을 하지 않고 간단히 말씀하셨다. "네가 만일 하나님의 선물과 또 네게 물 좀

달라 하는 이가 누구인 줄 알았더면 네가 그에게 구하였을 것이요 그가 생수를 네게 주었으리라"(10절). 그분의 말하는 방식과 친절한 태도는 그녀의 관심을 끌었다. 그녀는 그분이 보통 사람이 아니라는 것을 느꼈다. 그분에게는 뭔가 특별한 것이 있었다.

　예수님께서는 이 여성에게 도움을 받으심으로써 스스로를 낮추셨다. 그렇다. 그분은 하나님의 아들이었고, 스스로 물을 만들어내실 수도 있었다. 그러나 그분은 하나님께서 사마리아 여자에게 물을 달라고 요청하신다는 것을 우리가 알기 원하신다.

　곧 그녀는 예수님을 존경하게 되었다. 그녀는 이제 예수님을 '주'라고 불렀다. 그러나 "주여 물 길을 그릇도 없고 이 우물은 깊은데 어디서 이 생수를 얻겠삽나이까"라는 11절의 질문을 볼 때, 그녀는 여전히 인간적으로 생각하고 있었다(유대인들은 흐르는 물인 생수를 고여 있는 우물물보다 선호했다).

　그녀는 계속 말했다. "우리 조상 야곱이 이 우물을 우리에게 주었고 또 여기서 자기와 자기 아들들과 짐승이 다 먹었으니 당신이 야곱보다 더 크니이까"(12절). 당시 존경할 만한 유대인이라면 틀림없이 그녀의 민족이 야곱의 후손이라는 이 주장에 반대했을 것이다. 물론 예수님께서는 그 질문에 말려들지 않으셨다. 그분은 그녀가 실제로 두 가지 질문을 하고 있다는 것을 아셨다. "어떻게 이 특별한 생수를 얻을 것입니까?"와 "당신은 '정말' 누구십니까?"라는 것이었다.

이것은 곧 우리 삶의 이야기다. 하나님께서 우리에게 약속하실 때, 우리는 그것을 의심하며 이렇게 묻는다. "'주여, 당신의 물통이 어디 있습니까? … 어떻게 그 일을 하려 하십니까? 주님께서는 약속을 지키실 준비가 안 되어 있는 듯한데요.' 사마리아 여자처럼 우리는 실제로 우리와 말하고 있는 이가 누구인지 모른다. 그분의 능력과 그분이 하시고자 하는 일을 이해하지 못한다."[2]

예수님의 모든 약속이 우리가 살아 있는 동안 성취되지는 않을 것이다. 때때로 우리는 그분이 우리에게 어떤 것들을 약속하셨다고 착각한다. 예를 들어, 그분은 우리가 부자가 되거나 육체적으로 고침을 받거나, 또는 원하는 것을 모두 갖게 될 것이라고 약속하지 않으신다. 그러나 우리를 정말 사랑하기로

---

2. Mary Whelchel, unpublished manuscript.

약속해주신다. 우리가 어떤 일을 당하든지 그분은 항상 우리와 함께하실 것이다. 그분의 때에 그분의 방법대로 우리의 필요를 채워주실 것이다. 우리가 죄를 고백할 때 항상 용서해주실 것이다. 다른 약속들은 장래에 성취될 것이지만, 예수님께서 이 여성에게 말씀하신 영생의 선물은 그녀가 그것을 받아들이는 순간 시작되었다.

'당신'이 이 선물을 받아들이지 않았다면 더 이상 기회를 놓치지 말라. 오늘, 지금 당장 할 수 있다. 예수님께 당신의 죄들을 용서해주시고 당신의 구세주가 되어달라고 기도하라. 바로 그 생수가 당신의 것이 될 것이다.

믿음은 밧줄과 물통이 없어도, 어떤 표적이나 설명이 없어도 믿는 것이다.[3] 예수님께서는 "여자여, 너는 지금 나사렛 예수와 이야기를 하고 있다. … 내가 행한 모든 기적들을 이야기해주마"라고 말씀하지 않으셨다. 다만 그분의 약속을 좀더 상세하게 설명하셨다. "이 물을 먹는 자마다 다시 목마르려니와 내가 주는 물을 먹는 자는 영원히 목마르지 아니하리니 나의 주는

---

3. 같은 책.

물은 그 속에서 영생하도록 솟아나는 샘물이 되리라"(13-14절). 그녀는 자기가 실제로 그 물을 창조하신 분과 이야기하고 있다는 사실을 몰랐다.

사마리아 여자는 당연히 호기심이 생겼다. 그녀는 매일 물동이를 들고 약 800미터 거리를 걸어올 필요가 없도록 그 물을 얻고 싶었다. 더 이상 혼자 물을 긷기 위해 뜨거운 햇빛을 받으며 먼 길을 오지 않아도 될 것이다. 만일 예수님께서 그녀의 갈증을 항상 해소해줄 물을 주신다면 삶이 한결 편해질 것이다. 이 허드렛일로 그녀의 몸은 피곤했고, 수치심 때문에 그녀의 영혼도 지칠 대로 지쳤다. 그것은 정말 훌륭한 제안이었다. 그녀는 위에서 비판하는 눈빛이 아닌 정말 친절하고 따뜻한 눈빛을 지닌 남자를 만났다.[4]

예수님께서 다시는 목마르지 않을 것이라고 약속하셨을 때, 그녀는 예수님께서 노동력을 절감할 수 있는 어떤 방법을 가지고 계신지 궁금했다. 그녀에게 예수님은 단지 물을 얻기 위한 수단으로 보일 뿐이었다. 우리가 종종 우리 자신의 목적과 뜻을

---

4. William Barclay, The Gospel of Mark(Edinburgh: St. Andrews Press, 1955), 140.

이루기 위해 그분을 이용하고픈 마음이 드는 것처럼 말이다.

　　예수님께서는 아직도 자신이 누구인지 말씀하지 않으셨다. 그녀는 그분이 도와주실 수 있다는 사실을 깨닫기 전에 자신의 필요에 직면해야 했다. 만일 그녀에게 문제가 없었다면, 그녀가 누구와 이야기하고 있는지는 중요하지 않았을 것이다. 만일 당신이 아프지 않다면, 당신 앞에 의사가 있든 없든 개의치 않을 것이다. 이 시점에서 '그녀'는 '예수님'이 정말 누구신지보다 자신이 정말 누구인가를 깨닫는 것이 더 중요했다.

　　예수님께서는 그녀의 사생활을 언급하심으로써 그녀의 필요를 드러내셨다. "가서 네 남편을 불러오라"(16절). 예수님께서는 이 여자가 직면해야 할 죄를 숨기고 있음을 아셨다. 그분은 그녀의 안타까운 상황을 드러내기 위해 남편을 데려오라고 하셨다. 그때 그녀는 자신의 사생활이 눈앞을 스쳐가면서 갑자기 자신의 필요를 깨닫게 되었다. 예수님께 자신의 개인적인 삶을 드러내는 것이 망설여졌다.

　　그분에게 모든 것을 다 말하기에는 너무 조심스러워 "나는 남편이 없나이다"라고 간단히 말했다. 무심결에 그녀의 입에서 나온 말이었다. "네가 남편이 없다 하는 말이 옳도다"(17절).

그것은 사실이었다. 그녀는 남편이 없었다. 그러나 때로는 부분적인 사실이 아닌 전부를 말해야 한다. 만일 당신이 말라리아에 걸렸다면 의사에게 단순히 감기에 걸렸다고 말하지 않을 것이다. 예수님께서는 그녀가 자신의 부끄러운 이야기를 모두 고백하길 원하셨다.

"네가 남편 다섯이 있었으나 지금 있는 자는 네 남편이 아니니 네 말이 참되도다"(18절).

그 여자는 도망치지 않았다. 그녀는 예수님께서 자신에 대해 모두 아신다는 것을 깨달았다. 모든 수치스러운 것들을 하나하나 알고 계신 것이다. 그녀는 신경을 곤두세우며 말했다. "주여 내가 보니 선지자로소이다"(19절). 그녀는 사실 그분의 말이 사실임을 인정하고 있었다. 그녀는 자신에 대해 아무것도 이야기하지 않았지만, 예수님께서는 그녀의 삶의 무너진 부분을 드러내셨다. 그러나 그녀를 비난하지 않으셨다.

예수님께서는 개인적으로 여성들을 만나실 때마다 그들에 대해 모두 아시면서도 그들을 비난하지 않으셨다. 만일 주께서 그들 자신의 선택 때문이든, 다른 사람들 때문이든 실패한 것에 대해 비난하셨다면, 그들은 죄책감과 분노로 가득한 고통의 방으로 다시 돌아가게 되었을 것이다. 예수님께서는 언제나 여성들을 수치심으로부터 용서와 용납의 빛으로 인도하신다.

두 가지 축복의 제안

사마리아 여자는 두 가지 특별한 축복에 참여하도록 초대를 받았다. 첫째, 그녀는 생수를 얻었다. 물론 그것은 이중적 의미가 있다. 가장 기본적인 의미로, 우리의 육체적 갈증을 해소시키는 물을 말한다. 그러나 이 물은 또한 하나님의 상징으로, 우리의 영적 갈증을 해소해주는 원천이다. 구약은 하나님을 향한 영혼의 갈망을 말하는 데 이 '목마름'이란 단어를 사용하며, '생수'는 하나님 자신을 묘사하는 표현이다.

구약 성경은 메시아가 오실 때 사람들이 구원의 우물들에서 물을 길을 것이며(사 12:3), 목마른 자들은 모두 나아와 이 물을 마실 수 있다고 약속한다(사 55:1). 모든 사람 안에는 충족되지 않은 갈망, 막연한 불만과 공허감이 있다. 어거스틴(Augustine)은 그것을 이렇게 잘 표현했다. "하나님께서 당신 자신을 위해 우리를 만드셨으니, 우리의 마음은 당신 안에서 쉼을 얻을 때까지 진정한 안식을 누리지 못합니다."[5]

예수님께서는 우물가의 여자에게 영적인 필요를 보여주기 위해 갈증을 사용하셨다. 그뿐 아니라 그분이 주실 수 있는 그 물은 실로 놀라운 것이며, 그녀에게 영원한 생명과 영적인 정결함을 준다는 것을 말씀하셨다. 예수님께서는 이 여자의 갈증을 영원히 해소해주겠다고 약속하심으로써 자신이 메시아이심을 선포하신 것이다. "그들이 주리거나 목마르지 아니할 것이며"(사 49:10). 이 영생의 선물은 받기만 하면 그녀의 것이 될 수 있었다.

사실 몇 장 뒤에서 예수님께서는 초막절에 다음과 같은 위엄 있는 주장을 하심으로써 모든 사람들에게 그와 똑같은 초청을 하셨다. "누구든지 목마르거든 내게로 와서 마시라 나를 믿는 자는 성경에 이름과 같이 그 배에서 생수의 강이 흘러나리라"(요 7:37-38). 그것은 영원으로 향하는 여행을 위한 내적 자원이다.

사별한 경우가 아니라면, 이 여자의 다섯 남편 가운데 한

---

5. Augustine, Confessions, 1:1, translated by John K. Ryan(New York: Image Book, 1960). http://www.amazon.com/gp/reader/0385029551/ref=sib_rdr_ex/002-6041383-9975243?%5Fencoding=UTF8&p=S018&j=0#reader-page 참고.

사람도 결혼 생활을 유지할 만큼 충분히 그녀를 사랑하지 않은 것이다. 지금 그녀는 자기와 결혼하기를 원치 않는 한 남자와 살고 있었다. 혹은 그녀가 그와 결혼하기를 원치 않았을지도 모른다. 어쨌든 불완전한 결합이었다. 감정적으로 그녀는 혼자였다. 자신의 실패에 대한 수치와 아픔을 홀로 짊어지고 있었던 것이다. 몇 년 동안 그녀는 이 깨어진 관계들 때문에 밤마다 눈물을 쏟았을 것이다.

그녀의 마음속에 있는 타는 듯한 갈증은 육체적인 갈증만큼 그녀를 쇠약하게 만들었다. 내적인 자원을 가질 수 있다는 생각에 그녀는 마음이 끌렸다. 만일 이 낯선 사람이 약속을 지킨다면, 그녀는 자신만의 감정적, 영적 저장소를 가질 수 있었다. 그것은 힘겨운 삶에 맞설 은혜, 계속해서 살아갈 힘, 삶의 고단함을 초월하는 소망을 의미한다.

이와 같은 힘으로 그녀는 다시는 외롭지 않을 것이라는 확신을 가지고 동거남을 떠날 수 있을 것이다.

예수님께서 제안하신 두 번째 축복은 참되신 하나님의 특별한 예배자가 되는 특권이었다. 이 이방 여자는 그리심 산과 그곳의 제단이 거룩한 반면, 예루살렘은 멸시해야 한다고 믿으면서 자라왔다. 그녀는 예수님께 자신과 그 나라 백성들은 이 산에서 예배를 드렸는데, 유대인들이 예루살렘에서 예배를 드려야 합당하다고 주장하는 것에 대해 물었다(20절).

예수님께서는 이렇게 답하셨다. "여자여 내 말을 믿으라 이 산에서도 말고 예루살렘에서도 말고 너희가 아버지께 예배할 때가 이르리라 너희는 알지 못하는 것을 예배하고 우리는 아는 것을 예배하노니 이는 구원이 유대인에게서 남이니라 아버지께 참으로 예배하는 자들은 신령과 진정으로 예배할 때가 오나니 곧 이때라 아버지께서는 이렇게 자기에게 예배하는 자들을 찾으시느니라 하나님은 영이시니 예배하는 자가 신령과 진정으로 예배할지니라"(21-24절).

예수님께서는 그 사마리아 여자를 신전, 의식, 알지 못하는 신들에 대한 신념으로부터 어디서든 예배할 수 있는 참된 하나님에 대한 깨달음으로 인도하셨다. 만일 그녀가 진리를 알고 참되신 하나님을 올바로 예배하기 원했다면 그러한 예배로 이끄셨을 것이다.

성공하는 사람들은 자아 도취에 빠져 예배자가 되지 못하는 경우가 많고, 다른 종교를 가진 사람들은 '참된 예배자'가

될 수 없다. 그러므로 아버지께서는 세상에서 배척당한 자들, 죄를 범한 자들과 가장 크게 타락한 자들 가운데서 예배자를 찾으신다.

상상해보라! 하나님 아버지께서 이 사마리아 여자를 찾고 계시는 것을 말이다.

선한 사람들은 이 여자를 멀리했고, 구약에 의하면 그녀는 돌에 맞아 죽을 수도 있었다. 예수님께서 가장 큰 삶의 실수를 저지른 자들 가운데서 참된 예배자들을 찾으시는 하나님에 대해 말씀하신 의도는 무엇이었을까?

우리가 일반적으로 생각하는 성공은 이런 여자가 손에 넣을 수 없는 것이었으나, 하나님과의 친밀한 관계는 그렇지 않았다. 그녀는 하나님께서 소중히 여기시는 사람이 될 수 있었다. 이것은 오늘날 예수님께서 하시는 일을 보여주는 귀한 장면이다. 그분은 오늘도 실패한 사람들, 학대당하는 사람들, 자신에게 희망이 없다고 생각하는 사람들 가운데서 예배자를 찾고 계신다.

이 여성은 멸시받는 지역에 살았고 혼혈 민족이었으나, 신약 성경에서 신학적으로 가장 박식한 여성 가운데 한 명에 속했다. 그녀는 유대인들과 사마리아인들이 왜 서로를 적대하는지를 알았다. 합당한 성전에서 예배를 드려야 한다는 것을 알았고, 메시아가 오시는 것에 대해서도 알고 있었다. 다만 자기 앞에 있는 분이 메시아시라는 것은 확신하지 못했다. 그녀는 자신의 불확실한 생각을 이렇게 표현했다. "메시아 곧 그리스도라 하는 이가 오실 줄을 내가 아노니 그가 오시면 모든 것을 우리에게 고하시리이다"(25절). 그녀는 예수님이 누구신지 확실히 몰랐지만, 메시아가 오시면 어디서 어떻게 예배해야 하는지에 대해 모두 설명해주실 줄 안다고 공손히 말했다.

이 때 예수님께서는 "네게 말하는 내가 그로라"(26절)는 말로 자신을 드러내기로 하셨다. 얼마나 극적인 순간인가!

믿기 어렵지만 예수님께서 요한복음 가운데 자신이 메시아이심을 드러내신 첫 번째 사람이 바로 이 사마리아 여자였다. 그녀 자신이 알았든 몰랐든 이 여자는 영광의 주이신 예수님께서 자신의 정체를 드러내신 선택받은 소수에 속했다. 예수님께서는 그녀와 이야기하는 것을 꺼리지 않으셨을 뿐 아니라, 이 한 사람의 청중에게 적절한 말씀들을 아낌없이 나누어주셨다.[6]

우리는 그녀가 그 자리에서 무릎을 꿇고 그분에게 경배

하는 모습을 기대하며, 그녀의 반응을 보기 위해 빨리 본문을 읽는다. 그러나 그녀의 즉각적인 반응은 언급되지 않았다. 바로 그때 제자들이 돌아왔기 때문이다.

제자들은 예수님께서 공공 장소에서 여자와 이야기를 나누시는 것을 볼 때마다 깜짝 놀랐다. 확실히 그들은 "남자가 여자와 대화를 길게 끌 때마다 자신에게 해를 끼치고 율법을 버리며 종국에는 지옥에 가게 된다"[7]는 랍비들의 저급한 견해에 영향을 받아왔다. 그들은 예수님께서 낯선 여자와 이야기하시는 것을 보고 충격을 받았고, 어쩌면 당혹스럽기까지 했을 것이다. 그러나 그들은 또한 예수님의 계시에 대한 그 여자의 공손한 반응에 감명을 받았을 것이다. 어리둥절해진 그들이 할 수 있는 최선의 일은 "선생님, 무엇을 구하시나이까?" 또는 "어찌하여 그 여자와 말씀하시나이까?"라고 묻는 것이었다.

그들은 여성 해방에 대한 교훈을 배우고 있었다.

---

6. M. Madeline Southard, The Attitude of Jesus Toward Women(New York : George H. Doran Company, 1927), 89.
7. Barclay, The Gospel of Mark, 155.

변화된 삶의 영향력

사마리아 여자는 망설이지 않고 급히 마을로 돌아가 다른 사람들에게 자기가 만난 그 놀라운 사람에 대해 이야기했다. 그녀는 너무 흥분한 나머지 제자들이 그물을 버리고 예수님을 좇은 것처럼 옛 생활의 상징인 물동이를 버리고 갔다. 물론 이것은 또한 그녀가 다시 예수님과 이야기를 나누기 위해 돌아올 계획이 있었음을 뜻한다.

그녀는 사람들에게 말했다. "나의 행한 모든 일을 내게 말한 사람을 와 보라 이는 그리스도가 아니냐"(29절). 헬라어 본문은 그녀가 마을의 '남자들'에게 말했다고 전한다. 물론 그 단어는 종종 일반적으로 사람들을 가리키는 말로 사용되었다. 그 당시 그와 같은 평판을 가진 여자는 아마 다른 여자들과 어울릴 수 없었을 것이다. 그러므로 그녀의 말을 들은 사람들은 마을의 남자들로 한정되었을지도 모른다.

자신에 대해 모든 것을 알고 있는 사람을 만났다고 말함으로써, 그녀는 자신의 죄를 고백하고 있었다. 그들은 모두 그녀가 한 일들을 알고 있었고, 그녀는 정직으로 신용을 얻었다. 만일 그녀가 "제가 금방 메시아를 만났어요!"라고 말했다면, 그들은 그녀를 비웃고 멸시했을 것이다. 그러나 그녀는 조심스럽고 겸손했다.

그녀는 또한 자신의 증언이 의심을 살 만하다는 것을 알았고, 그래서 감히 다른 사람들에게 무언가를 가르치려고 하지 않았다. 그녀는 그들이 스스로 결론 내리기를 원했기 때문에 자기가 새로 알게 된 사실을 질문의 형태로 표현한 것이다. "이는 메시아가 아니냐?" 이제 그들 또한 호기심이 생겼고, 그녀는 직접 보기 원하는 마을 사람들을 데리고 돌아왔다. 얼마나 많은 사람들이 그녀와 함께 왔는지는 모르지만, 그녀가 적어도 다섯 명의 전 남편들만 만났어도 함께 예수님을 만나러 우물가로 갔을 것이다.[8]

다른 사람들이 자기를 어떻게 생각하는지는 지금 그녀에게 중요하지 않았다. 그녀는 자신의 모든 사연을 알고, 또 그러면서도 생수와 예배로 아버지를 기쁘시게 하는 삶을 선물로 주실 만큼 자기를 귀하게 여기시는 분을 만났다. 이런 선물들을 받을 수 있다면, 개인적으로 큰 희생을 치르더라도 다른 사람들

---

8. Southard, The Attitude of Jesus Toward Women, 88.

에게 기쁜 소식을 전하지 않겠는가?

이 만남에 너무나 깊이 몰두해 계신 예수님께서는 제자들이 가져온 것을 드시라고 권할 때에도 거절하시고 이렇게 말씀하셨다. "내게는 너희가 알지 못하는 먹을 양식이 있느니라"(32절). 그분은 이 여자를 속박된 삶에서 해방시키신 것에 대한 기쁨으로 충만하여 음식을 드실 필요가 없었던 것이다. 제자들은 그것을 이해하지 못했다. "누가 잡수실 것을 갖다 드렸는가?"

예수님께서는 계속 말씀하셨다. "나의 양식은 나를 보내신 이의 뜻을 행하며 그의 일을 온전히 이루는 이것이니라"(34절). 그분의 양식은 목마른 자들에게 생수를 주는 것이었다. 예수님께서는 단순히 아버지의 뜻을 행하고 계셨다.

그분은 무명의 여자에게 희망과 용서를 주셨다. 언젠가 우리가 천국에서 그녀를 만나면 자세히 물어볼 수 있을 것이다. "다시 수가로 약 800미터를 걸어가는 동안 무슨 생각을 했는가, 당신과 함께 살던 그 남자는 어떻게 되었는가… 당신은 그와 결혼했는가, 아니면 당신과 예수님의 관계가 그와의 관계보다 더 중요하다고 말했는가?"

마을 사람들이 예수님을 보러 왔을 때, 그들 또한 예수님을 믿게 되었다. 그러나 그들은 그녀의 말 때문에 믿게 된 것이 아니라고 분명히 말해두었다. "이제 우리가 믿는 것은 네 말을 인함이 아니니 이는 우리가 친히 듣고 그가 참으로 세상의 구주 신 줄 앎이니라"(42절). 문자 그대로 헬라어 성경은 이렇게 말한다. "지금 우리가 믿는 것은 네 말 때문이 아니라… 우리가 직접 그를 보았기 때문이다." 그 후 마을 사람들은 예수님을 마을로 초청했다. 그분은 거기서 이틀을 머무셨고, 더 많은 이들이 믿게 되었다.

왜 예수님께서는 그렇게 평판이 나쁜 여자를 택하여 자신의 정체를 드러내셨을까? 왜 그녀를 그토록 능력 있게 사용하여 그 마을 전체를 믿음으로 인도하셨을까? 우리는 그녀가 영적인 지각과 기꺼이 이해하려는 마음을 가지고 있었다고 분명히 말할 수 있다. 그녀는 또한 용서받고 상호적인 사랑을 나누기 원했다. 많이 용서받은 자들이 가장 훌륭한 복음전도자가 되는 경우가 많다.

혹시 예수님께서 여자들에 대한 남자들의 편견을 깨기 위해 그 우물가의 여자를 사용하신 것은 아닐까? 남녀에게 달리 적용되는 이중 표준의 막을 내릴 때가 되었음을 입증하기 위해서는 아닐까? 또한 하나님께서 여자들을 사용하여 그분의 메시지를 전달하기 기뻐하신다는 사실을 입증하기 위해서, 혹은 그분의 메시지가 실패한 결혼으로 인해 삶이 훼손된 사람들을 포함한 모든 사람을 위한 것임을 입증하기 위해서는 아닐까?

우리는 본문이 명백하게 "여자의 말이… 증거하므로 그 동네 중에 많은 사마리아인이 예수를 믿는지라"(39절)고 말하는 것을 주목해야 한다. 비록 그들은 보통 여자들의 '말'을 귀담아 듣지 않았으나, 영원 전부터 하나님의 계획은 이 여자를 사용하여 멸시받던 사마리아인들을 하나님 나라로 인도하는 것이었다. 예수님께서는 여자들을 구원할 가치가 있는 영혼들로 보실 뿐 아니라, 하나님 나라에 큰 유익을 끼치는 사역을 담당하는 개인들로 보셨다. 사마리아 여자는 우리가 완벽한 과거를 갖고 있어야만 하나님께 크게 쓰임 받을 수 있는 것이 아님을 상기시켜준다.

오래전 앨라배마의 한 젊은 교사가 펌프에서 흘러나오는 물 밑에서 장님이자 귀머거리인 한 어린 소녀의 손을 붙잡고 손으로 '물'이라는 단어를 읽게 해주었다. 그 교사의 이름은 앤 설리반(Anne Sullivan)이었다. 그리고 그 손은 헬렌 켈러(Helen

Keller)의 손이었다. 그로부터 몇 년 후, 놀랍게도 헬렌 켈러의 동창생들이 50회 동창회에서 래드클리프 대학에 분수를 기증했다. 그 물을 만져보기 전, 헬렌 켈러는 분수 뒷면에 새겨진 헌사를 직접 읽었다.

> '물'이란 단어를 시작으로 촉감을 통해 헬렌 켈러라는 소녀에게 시각과 청각의 세계를 열어준 특별한 교사, 앤 설리반을 기념하며.

틀림없이 그 사마리아 여자는 예수님을 처음 만났던 수가의 우물가로 자주 돌아갔을 것이다. 만일 우리가 이 사건을 기념하는 비를 세운다면, 이런 글을 쓸 것이다.

> '물'이라는 단어를 시작으로 자신을 통해 사마리아 여자에게 삶의 목적과 용서의 세계를 열어준 특별한 교사, 예수님을 기념하며.[9]

---

9. William Barker, Personalities Around Jesus(New Jersey: Fleming H. Revell, 1963), 80.

아버지를 바라보며… 딸의 기도

하늘에 계신 아버지, 예수님께서 저를 용서하시고 정결케 하시며, 그로 인해 하나님과 개인적인 관계를 맺게 해주신 것을 감사드립니다. 제 과거를 모두 아시면서도 저로 당신을 예배하게 하시니 감사합니다. 예수님을 제 구주와 주로 영접합니다. 제게 삶의 문제들에 대처할 수 있는 내면의 힘을 주소서. 지금 이 세상과 영원한 하늘나라에서 주의 임재를 누릴 수 있다는 확신을 주셔서 감사합니다. 겸손하게, 믿음과 사랑으로 예수님께서 제게 주신 모든 것을 받아들입니다. 예수님의 이름으로 기도합니다. 아멘.

3
예수, 끈질기게 간청한 어머니를 사랑하시다

Jesus, Lover of a Woman's Soul

예수께서 거기서 나가사 두로와 시돈 지방으로 들어가시니 가나안 여자 하나가 그 지경에서 나와서 소리 질러 가로되 주 다윗의 자손이여 나를 불쌍히 여기소서 내 딸이 흉악히 귀신 들렸나이다 하되 예수는 한 말씀도 대답지 아니하시니 제자들이 와서 청하여 발하되 그 여자가 우리 뒤에서 소리를 지르오니 보내소서 예수께서 대답하여 가라사대 나는 이스라엘 집의 잃어버린 양 외에는 다른 데로 보내심을 받지 아니하였노라 하신대 여자가 와서 예수께 절하며 가로되 주여 저를 도우소서 대답하여 가라사대 자녀의 떡을 취하여 개들에게 던짐이 마땅치 아니하니라 여자가 가로되 주여 옳소이다마는 개들도 제 주인의 상에서 떨어지는 부스러기를 먹나이다 하니 이에 예수께서 대답하여 가라사대 여자야 네 믿음이 크도다 네 소원대로 되리라 하시니 그 시로부터 그의 딸이 나으니라.

마태복음 15장 21-28절

몇 년 전, 훌륭한 그리스도인 어머니인 루이스(Louise)가 어린 딸 때문에 매우 괴로워하며 우리를 찾아왔다. 그녀는 위로와 희망을 얻기 원했다. 그녀는 눈물을 흘리며, 둘째 딸이 태어난 후 남편이 그녀와 두 아이를 버렸다고 말했다. 그녀는 두려웠으며, 융자금을 갚거나 공과금을 낼 경제적인 여유도 없었다. 마침내 그녀는 다른 주로 이사하여 친자매 곁에 살게 되었다. 한편, 그녀의 무자비한 남편은 은행에 진 빚을 갚기 위해 그들의 집을 넘기려고 했으나, 상환할 수 있는 마지막 순간에 미납금을 모두 지불하고 그 집을 되찾았다. 그런 다음, 단독 소유자로서 동거하는 여자 친구와 그녀의 아이들을 그 집 안으로 들였다. 그리고 이혼 소송을 하고, 루이스에게 모든 법정 비용을 물게 했다.

그리고 남편은 이혼이 진행중인 동안 법적으로 동일한 방문권(이혼이나 별거시 한 쪽 부모가 다른 한 쪽 부모 밑에 있는 자식을 방문할 수 있는 권리)을 받았다. 이것은 그가 정해진 시간에 한 살 짜리와 열세 살짜리 딸들을 트럭에 태우고 세 시간 동안 예전 집으로 돌아갈 수 있음을 뜻했다. 그녀의 남편이 아이들을 차에 태워 떠날 때, 어린 아기는 아무리 달래도 소용이 없을 정도로 큰소리로 울어댔고, 겁에 질린 십대 아이는 어머니에게 말려달라고 애원했다. 그러나 루이스는 그를 멈출 수가 없었다.

하나님께 소중한 자녀들을 보호해달라고 간구하는 루이스의 외침과 기도가 고요한 가운데 울려퍼졌다. 그녀는 해가 지고 어두움이 깔리는 오랜 시간 동안 하나님께 울부짖었다. 그 후 몇 달 동안 이런 일들이 반복되면서, 그녀의 용기와 신앙도 거듭 시험을 받았다. 그녀는 자주 하나님 앞에 엎드려 자녀들을 안전하게 돌려보내달라고 간구했다. 절대 희망을 잃지 않았다. 하나님께서 환경을 변화시켜주실 수 있다는 믿음을 절대 버리지 않았다.

이혼 절차가 완결되었을 때, 지각없는 판사는 전남편이 감독받지 않고 오랜 시간 동안 방문권을 가지도록 허락했다. 막내 딸은 일 년에 몇 주를 그와 그의 내연의 처와 함께 보내야만 했다. 그 시간 동안 어린 딸은 어른들에게 무시당하고 그 여자의 자녀들에게 성적 학대를 받았다. 루이스는 자기 딸이 이 끔찍한 환경으로 들어가는 것을 막기 위해 법적으로 할 수 있는 일을 다했다. 어린이 보호 기관에 그 사실을 보고했고, 법정에 중재를 호소했으나 조사는 몇 달 동안 지연되었다.

상심한 마음으로 루이스는 나(레베카)에게 물었다. "어떻게 사랑의 하나님께서 순진한 어린아이가 학대를 당하도록 내버려두실 수 있나요?" 나는 그녀를 꼭 안아주며 이 사랑스런 여자와 함께 울었다. 그녀의 고통과 절망이 피부로 와 닿았다. 기도하며 지혜를 구하자 베드로전서의 한 구절이 떠올랐다. 나는 그것을 루이스와 나누었다. "그러므로 하나님의 뜻대로 고난을 받는 자들은 또한 선을 행하는 가운데 그 영혼을 미쁘신 조물주께 부탁할지어다"(벧전 4:19). 이 말씀의 의미를 이야기하며 함께 기도할 때 루이스의 표정이 편안해졌고, 두려움이 물러가며 마음에 평화가 찾아왔다.

마침내 아버지의 방문권이 폐지되었다. 그에 대한 앙갚음으로 그는 루이스에게 절실히 필요한 자녀 양육비를 보내지 않았다. 그러나 법적으로 대응할 수 없었다. 법적으로 대응하면 그녀가 자녀 부양 능력이 없다는 이유로 막내딸을 빼앗기게 될까봐 두려웠다.

예수님께서는 루이스의 시련을 덜어주지 않으셨으나 고난 가운데 늘 그녀와 함께해주셨다. 모든 것이 루이스에게 불리할 때에도 그녀는 하나님이 자기편이라고 굳게 믿었다. 감사하게도 그 학대받던 딸은 지금 잘 지내고 있고, 하나님을 사랑하는 사랑스런 십대로 자라고 있다.

만일 당신이 오늘날 루이스를 만난다면 대단한 믿음의 사람이 된 것을 볼 것이다. 그것은 큰 고난을 견뎌낸 결과였다. 그녀는 자신이 겪은 시련 때문에 예수님을 덜 사랑하지 않는다. 오히려 더욱 사랑한다. 수로보니게 여자처럼 루이스의 끈질김이 예수님의 마음을 움직였고, 결국 예수님께서는 그 간구를 들어주셨다. 바로 오늘도 그녀는 어려운 환경 속에 살고 있는 손자들을 위해 하나님께 부르짖고 있다. 아직 응답받지 못한 기도들도 있지만 평안과 확신을 누리고 있다.

우리에게 다시 오지 않을 기회의 순간들이 있다. 시간이 흐르면서 상황이 변하고, 우리도 그와 함께 변한다. 그것이 청혼이든, 사업상의 모험이든, 우리의 가장 깊은 갈망을 채워줄 기회든 간에 우리는 모두 시계를 되돌릴 수만 있다면 좋겠다고 생각할 때가 있다.

20세기 전에 살았던 그 필사적인 어머니도 틀림없이 그랬을 것이다. 그녀는 자기에게 온 기회를 붙잡았고, 그것을 최대한 이용했다. 우리는 가나안 어머니의 이야기를 읽고, 그녀의 대단한 끈기와 믿음에 감탄한다. 그녀의 이야기는 신약 성경에 면밀히 기록되어 있다.

예수님께서는 사람들의 영적 또는 육체적 필요가 무엇이든 상관없이 항상 그들을 존중하며 대하셨다. 그들 마음속에 품은 생각을 드러내기 위해 부드럽게 질문하셨다. 그들이 필요할 때 그분을 찾는 동기에 관심이 있으셨다. 그분은 인종, 성, 관습의 장벽을 깨고 가장 큰 곤경에 빠진 여성들을 돕기 원하셨다.

그러나 가장 당혹스러운 만남은 괴로워하는 자기 딸을 도와달라고 필사적으로 매달린 가나안 어머니와의 만남이었다.

처음 그분의 말은 거의 무례하고 매정하게 들렸다. 이 이야기는 때때로 예수님도 우리와 같은 죄인이셨다는 사실을 증명하는 데 사용된다. 어떤 이들은 예수님에게도 나쁜 날들이 있었고, 그분이 그렇게 했을 때 주변 사람들은 그분의 분노와 비난 때문에 상처를 받았다고 주장한다.

그렇지만 우리는 이 만남이 예수님답지 않기 때문에 그 이야기 속에서 그분이 그렇게 반응하신 보다 정확한 이유를 찾아야 한다고 생각한다. 피상적으로 읽으면 예수님이 인종 차별주의자라는 결론을 내릴 수 있다. 그러나 그 이야기의 끝부분, 즉 예수님의 마음을 설득시킨 이 여자를 예수님께서 축복하신 부분을 잘 생각해보라.

예수님께서는 처음에 합당한 이유를 대며 도와달라는 요청을 거절하셨다. 그러나 마지막에는 그녀가 구한 것 이상의 것을 주셨다. 그녀는 예수님의 관심을 끌려 했으나 거절당했다. 그러나 그녀의 믿음은 흔들리지 않았고, 결국은 그녀의 끈기와 믿음이 예수님의 마음을 움직였다.

이 이야기의 지리적 배경은 주목할 만하다. 예수님께서는 그 전에 갈릴리 바닷가 근처에서 약간의 떡과 물고기로 오천

명을 먹이셨다. 그날 밤 제자들은 바다에서 큰 폭풍우를 만났고, 예수님께서 물 위를 걸어서 그들에게 오셨다. 그 후 바리새인들이 예루살렘에서 찾아와 그분의 가르침과 동기에 대해 물었다. 그분은 자신을 죽이려는 음모가 전개되고 있다는 것을 아셨다.

그 다음에 "예수께서 거기서 나가사 두로와 시돈 지방으로 들어가시니"라는 구절이 나온다(마 15:21). 이 도시들은 지중해 연안을 따라 북서쪽으로 향해 있었다(오늘날까지 그 지역들은 레바논에 존재하고 있다). 갈릴리 지방에서부터 울퉁불퉁한 길로 걸어오려면 며칠은 걸렸을 것이다. 유대인들이 이방인이 사는 지역으로 들어가는 것은 정말 이례적인 일이었다.

우리는 예수님께서 휴식을 취하시고, 제자들로 그분의 임박한 죽음에 대한 소식을 받아들이도록 돕기 위해 이 지역으로 후퇴하셨다고 들었다. 그러나 예수님께서 그렇게 멀리까지 걸어가신 데는 또 다른 이유가 있었다. 즉, 그분은 그 먼 곳에 절실한 필요를 가진 한 여자가 있다는 것을 아셨던 것이다. 그녀는 그분에게 올 수 없었으므로 그분이 그녀에게 가셔야 했다. 예수님께서 이 지역에서 다른 만남이나 활동을 하셨다는 기록은 없다. 가던 길에서 벗어나 그렇게 멀리 가셨다는 것은 이 만남이 분명 또 하나의 거룩한 약속이었음을 보여준다. 예수님께서는 한 어머니와 자녀에게 희망과 치유를 가져다주기 위해 특별한 여행을 떠나신 것이다.

이 여자와의 만남이 예수님께서 여행을 떠나신 이유였다는 또 다른 증거는 기적을 행하신 후 "예수께서 거기서 떠나사 갈릴리 호숫가에 이르러"(29절)라는 말씀에서 볼 수 있다. 물론 우리는 예수님과 그분의 제자들이 얼마나 오래 머물렀는지 모른다. 그러나 즉시 평소 사역하던 지역으로 돌아가셨다는 짐작을 할 수 있다. 하나님의 아들이 단지 한 여자와 그 딸을 위해 많은 시간과 노력을 요하는 여행을 하신 것이다.

오늘날도 예수님께서는 우리를 찾고 계신다. 그분은 지리적으로 우리를 찾기 위해 여행을 하실 필요가 없다. 우주가 그분의 영으로 충만하기 때문이다. 그분은 우리가 매우 곤고할 때, 절망과 눈물 속에 있을 때 다가오신다. 우리와 교제를 시작하시며 위험한 인생 여정에서 우리의 친구가 되어주신다. 그분은 이 이야기 속에 나오는 여자에게처럼 우리와 거룩한 약속을 하실 수 있다.

이 이야기는 사랑과 연민을 아름답게 묘사한다. 예수님

께서는 이 여자와 그녀의 힘겨운 삶에 대해 모두 알고 계셨다. 그분은 그녀에게 가까이 다가가셨다. 그녀는 아픈 딸을 데리고 예수님을 만나기 위해 멀리 갈 수가 없었다. 사실 민족적, 종교적, 사회적 장벽 때문에 그녀는 예수님께서 주로 사역하시는 지역에 들어갈 수조차 없었을 것이다.

어쨌든 예수님께서 그 지역에 오셨다는 소문이 이미 사방에 퍼졌다. 그녀는 이것이 자기가 예수님의 기적에 대해 들은 바를 시험해볼 수 있는 유일한 기회라는 것을 알았다. 즉, 그분에게 자기 딸을 고쳐달라고 구해야 한다는 사실을 알았다. 자비의 강물이 그녀를 향해 흐르고 있었고, 그녀는 그 기회를 놓치지 않았다.

우리는 그녀가 예수님과 영적 세계에 대해 너무나 많이 알고 있었다는 사실에 놀란다. 그녀는 예수님을 '다윗의 자손'이라고 불렀다. 그것은 메시아적 칭호였다. 그녀가 어떻게 그것을 알았을까? 그녀는 유대인과 그들의 성경에 대해 적대적이던 가나안 문화 속에서 살았다. 하지만 예수님이 메시아시라는 소문이 그녀의 귀에 들렸다. 그녀는 이 사람이 자기 딸에게 필요한 기적을 일으킬 수 있다고 믿었다.

그녀는 자기 딸이 악한 영에 사로잡혔다고 설명했다. 우리는 이 사탄의 영향력에 대한 언급을 아직 현대 정신의학이 발견되지 않았던 미신적인 시대의 흔적으로 여겨서는 안 된다. 이 책의 1장에서 우리는 예수님께서 막달라 마리아로부터 일곱 귀신을 쫓으신 이야기를 읽었다.

그러나 왜 이 가나안의 어린아이에게 악한 귀신들이 들어갔을까? 어쩌면 가족 가운데 신비주의자가 있었을지 모른다. 어쩌면 누군가가 이 아이를 저주했거나, 가나안인들의 우상숭배가 귀신들을 끌어들였을 가능성도 크다. 우리는 확실히 알 수 없다.

이름도 알려지지 않은 이 여자는 혼자서 아이를 키우며 귀신들린 자신의 딸을 도와줄 사람을 찾아다니고 있었을 것이다. 그녀는 갖은 애를 써서 예수님께 다가갔고, 그 문화 속에서 여자들에게 제한되었던 일을 해냈다. 결국 그녀는 예수님으로부터 '큰 믿음상'을 받았다.

장애물을 극복함

이 어머니 앞에 놓여 있던 장애물이 얼마나 거대했는지

알아보기 위해 그녀가 예수님께 다가가기 위해 넘어야 했던 장벽들을 살펴보자.

남자들은 공적으로 여자들을 인정하지 않았고, 그들의 필요를 진지하게 응할 만큼 중요하게 여기지 않았다.

첫째, 태도의 장벽이 있었다. 우리는 이 어머니가 혼자 예수님께 다가간 이유를 모른다. 아마 남편이 죽었거나 가족과 연락을 끊었을 것이다. 한편, 그녀는 남편에게 자기 생각을 말한다면, 적어도 그녀를 비웃거나 최악의 경우 못 가게 막을 것이라고 생각했던 것 같다. 그녀는 남성 지배적인 세상에서 자기가 할 수 있는 최선을 다하고 있었다. 그녀가 다른 누구에게 갈 수 있었겠는가? 아마도 이미 여러 번 의사들이나 성전의 제사장들에게 딸을 데려가보았을 것이다. 그러나 그들은 그녀를 도와줄 수 없었을 것이다.

만일 당신이 홀로 아이를 키우고 있다면, 이 여성을 당신의 언니로 여기라. 그녀가 보여준 본보기는 외부의 도움을 구하는 것에 대해 용기를 준다. 편모들은 때때로 고립되었다고 느끼며, 가족 문제를 가지고 누구에게 도움을 구해야 할지 모른다.

도움과 위로의 첫 번째 원천은 언제나 하나님이다. 그 다음 믿을 만한 친구들이나 목사님, 마지막으로 지역 사회의 사회적, 의료적 서비스다. 당신의 상황이 절망적으로 보일 때, 제일 먼저 예수님을 의지하라.

둘째, 민족적 장벽이 있었다. 이 어머니는 가나안 사람이었다. 하나님께서 몇 세기 전에 군대 지휘관 여호수아에게 멸하라고 명령하신 부패한 민족의 일원이었다. 현대 고고학은 그런 대범한 명령을 이해하는 데 도움이 된다. 가나안 족속은 매우 타락하여 믿기 어려울 만큼 잔혹하고 보기 드문 성적 도착에 빠져 있었다. 그러나 그들 모두가 죽임을 당한 것은 아니었다. 그 땅 곳곳에서 많은 이들이 살아남아, 멸시받는 소수 민족으로서 열심히 살아가고 있었다.

남은 가나안 족속들이 이스라엘 민족에게 어떻게 악과 유혹의 근원이 되었는가를 기록하는 구절들이 구약 성경에 많이 있다. 사실, 때때로 이스라엘 국가는 여호와를 버리고 가나안 족속의 신, 바알을 숭배했다. 이것은 하나님에 대한 심각한 범죄였고, 하나님께서는 이스라엘 백성을 호되게 벌하셨다. 이런 면에서 유대인들이 그들을 '개들'이라고 부른 이유를 이해할 수 있다. 그 말은 개들이 존중받는 오늘날 우리 문화 속에서는 사라진 조롱의 말이다. 중동 지방에서는 많은 개들이 병들고 야위어서 거리를 떠돌아다니다가 잡혀서 죽임을 당했다. 누군가를 개라고 부르는 것은 그 사람을 완전히 경멸하는 것이었다.

비록 이유가 있었다 하더라도 그런 편견은 합당한 것이 아니었다. 하나님께서 유대 백성들과 언약을 맺으시면서 '메시아가 그들의 혈통을 통해 오리라 약속하신 것'을 명심하라. 이와 함께 유대인들이 받은 축복은 이방인들에게 흘러들어가게 하기 위함이었다. 하나님께서 아브라함에게 "땅의 모든 족속이 너를 인하여 복을 얻을 것이니라"고 하셨기 때문이다(창 12:3).

유대인들은 받을 자격이 없는 이 과분한 복을 받고, 나아가 이방인들이 여호와를 믿도록 이끌어야 했다. 그러나 유대인들은 자신들이 다른 민족보다 뛰어나기 때문에 하나님께 택함받았다고 생각했고, 그 결과 자신들을 위해 그 복을 쌓아두었다. 거의 예외 없이, 그들은 거만한 자세로 다른 민족들을 하나님의 돌보심을 받을 자격이 없는 자들로 여겼다. 그들과 이방인들 간의 민족적 장벽은 만만치 않았다.

이 여자는 유대인 공동체로부터 초청받지 않은 상태에서 이 장벽을 넘었다. 그녀는 "그들의 경멸과 증오를 받으니 차라리 내 아이가 아픈 게 낫다"라고 말할 수도 있었다. 그러나 이 어머니는 무자비하지만 하나님의 택한 백성들로부터 그녀를 분리시키는 민족적인 차별에 연연하지 않았다.

셋째, 종교의 장벽이 있었다. 바알베크는 두로와 시돈에서 멀지 않은 가나안 족속의 신전이었다. 오늘날 관광객들도 그곳에서 바알 신상을 볼 수 있다. 그 주변에는 성전의 폐허가 있고, 그 성전 기둥이 청명한 하늘을 향해 솟아 있다. 종교는 가나안 족속의 삶의 중심이었다. 그들은 소위 '마음이 통하는 예배'를 행했다. 즉, 그들은 신이 한 일을 함으로써 그들의 신을 가장 영화롭게 한다고 믿었다. 바알은 온갖 부도덕한 일을 한 신으로 알려졌기 때문에, 그를 예배한다는 것이 종종 성적인 방탕함과 온갖 종류의 유흥으로 타락했던 것이다.

이 여자와 그녀의 조상들은 여러 세기 동안 그런 우상 숭배에 사로잡혀 있었다. 그러나 그토록 강하다는 바알도 악한 영들을 쫓아내지 못했다. 이 어머니는 돌로 만든 신으로부터 아무

도움도 받지 못했다. 바알은 악령 숭배의 전형이었다. 다른 신을 인정하지 않는 종교였다. 그 가나안 여자가 자기 종교 밖에서 도움을 구한다면 보복을 두려워하지 않을 수 없었을 것이다. 그녀는 "나는 바알의 숭배자로 태어났고, 바알의 숭배자로 죽을 것이다"라고 말할 수도 있었다. 그러나 감사하게도 그녀는 다른 하나님을 나타내는 유대인의 메시아에게 도움을 받고자 했다. 이 여자는 종교적 한계선을 뛰어넘어 원수인 유대인들의 하나님으로부터 도움을 간청할 만큼 겸손했다. 그녀의 본은 때때로 우리가 예수님께 가기 위해 종교적 관습을 깨고 나와야 한다는 것을 상기시켜준다. 우리는 그리스도인들로서 자주 똑같은 죄책감을 느낀다. 즉, '해야 할 일과 하지 말아야 할 일'에 대한 우리의 관습이 예수님께 다가가기 원하는 사람들에게 장벽이 될 수 있다. 예수님에 대한 진리와 우리 자신의 종교적 하위 문화를 분간하기 어려울 때가 더러 있다.

이 여자는 또 하나의 장벽을 극복해야 했다. 그 장벽은 예수님과 그분의 제자들이었다. 예수님께서는 이 마을에 오셨을 때, 한 집에 들어가 누구에게도 그가 거기 계신 것을 알리기를 원치 않으셨다. 어쩌면 그분이 오시는 것을 반대하는 세력이 있었거나, 많은 무리가 병을 고쳐달라고 몰려올 수도 있었다. 분명한 것은 그분의 생명의 향기가 다른 누구에게도 도움을 얻지 못했던 이 여자에게 미쳤던 것이 틀림없다. "향기가 자신을 드러내듯, 그 이름이 곧 향기인 그분은 자신을 숨기실 수 없었다."[1] 마음 산란한 이 여자가 나타나 도움을 청하기 시작했을 때, 예수님께서는 "한 말씀도 대답지 않으셨다"(23절). 그분은 그 자리에서 바로 그녀의 딸을 고쳐주실 수도 있었지만 맨 먼저 그녀를 시험하기 원하셨다. 예수님께서는 그녀의 마음 깊은 곳에 있는 용기와 믿음을 이끌어내 보이기 원하셨다. 사실, 예수님께는 곧 일어날 치유보다 그녀의 믿음이 더 중요했다. 그녀는 두려움과 종교적 미신, 또는 제자들의 냉대에 굴복했을까? 심지어 예수님 자신의 신랄한 비평에 굴복했을까?

하나님의 침묵

하나님께서 침묵하실 때 우리는 무엇을 해야 하는가? 이 여자는 우리가 계속 예배하고, 구하며, 믿어야 한다고 말한다.

---

1. The MacArthur New Testament Commentary Matthew 8-15(Chicago: Moody Press, 1987), 467.

우리는 고통과 혼란, 의심, 두려움 속에서도 겸손한 태도로 하나님께 나아갈 수 있다. 하나님께서는 듣고 계신다. 그분은 우리 마음속을 들여다보시기 위해 우리를 시험하신다. 하나님께서 우리의 필요를 채워주시기 '전에' 먼저 자신의 필요를 말로 표현하기 원하시며, 그분이 무엇을 요구하시든 간에 기꺼이 행하기를 원하신다. 절대로 하나님의 침묵을 우리에게 무관심하시다는 의미로 생각해서는 안 된다.

예수님의 침묵은 이 가나안 어머니를 단념시키지 못했다. 그녀는 더욱더 소리쳤다. 예수님께서 아무런 반응을 보이시지 않자 이제 제자들이 끼어들었다. 주께서 그녀와 말하고 싶어 하지 않으신다면 그녀를 조용히 시켜야 했다. "그 여자가 우리 뒤에서 소리를 지르오니 보내소서"(23절). 부정한 이방인 여자가 계속 울부짖으며 그들의 주님께 자기를 주목해달라고, 요청을 들어달라고 애원하는 것이 신경에 거슬렸다. 그러나 이 어머니는 무슨 일이 있어도 그분의 관심을 끌기로 결심했다.

그때 예수님께서 그녀가 입을 다물어야 할 이유를 말씀하셨다. "나는 이스라엘 집의 잃어버린 양 외에는 다른 데로 보내심을 받지 아니하였노라"(24절). 이것은 물론 사실이었다. 예수님께서는 그 당시 유대인들에게 오셔서 그분의 메시아적 주장들을 믿을 것을 권유하셨다. 실제로 열두 제자들을 내보내실 때도 특별히 이스라엘 밖으로 나가지 못하게 하셨다(마 10:5-6). 그러나 그 의도는 유대인들 자신이 먼저 천국 메시지에 응한 다음, 선교사로서 국경 밖으로 나가게 하려는 것이었다. 두 말할 것 없이 예수님의 궁극적인 사명은 온 세상을 구속하는 것이었다. 많은 경우에 그분은 자신의 죽음과 부활이 모든 나라와 족속을 위한 것임을 분명히 밝히셨다.

이 시점에서 우리는 이 여자가 깊이 실망하여 떠나리라고 예상할 수 있다. 그녀가 메시아라고 생각한 예수님께서는 그 당시 유대인들과 뜻을 같이하여 선택된 나라 밖의 사람들에게는 복을 주시지 않는 듯했다. 그러나 이 대담한 여자는 끈질기게 매달렸다. 그녀는 겸손하게 나아와 그 앞에 무릎 꿇고 단 세 마디를 외쳤다. "주여 저를 도우소서!"

만일 예수님께서 메시아시라면 그분은 또한 주님이셨다. 그녀는 예수님을 따르던 몇몇 사람들보다 신학적으로 더 빈틈이 없었다. 신전도, 제물도, 성경도 가지고 있지 않았지만 그녀는 예수님에 대해 자기가 들은 것을 믿었다. 그녀가 그렇게 필사적으로 매달린 것은 자기 앞에 있는 이 사람이 딸을 고쳐줄 능력이 있다는 굳은 확신 때문이었다. 그녀는 아무리 언짢은 말을 듣더라도 이 순간을 놓치고 싶지 않았다.

예수님께서는 그녀를 조금도 격려해주지 않으셨다. 대신 놀라운 대답을 하셨다. "자녀의 떡을 취하여 개들에게 던짐이 마땅치 아니하니라"(26절). 예수님께서는 그녀가 무엇을 원하는지 알고 계셨지만 그녀를 꾸짖으셨다. 유대인을 하나님의 자녀로, 이방인을 개로 비유하며, 무슨 자격으로 특별한 복을 구하느냐고 말씀하신 것이다. 매우 모질게 보이지만, 우리는 예수님께서 하시는 모든 일이 사랑 또는 거룩한 목적에서 비롯된다는 것을 알고 있다.

어쩌면 그녀는 예수님께서 당시 더러운 청소부들을 뜻하는 더 흔한 말 대신 '개들'이란 말을 사용하신 것에 용기를 얻었는지도 모른다. 그분이 택하신 단어는 '강아지들'로 해석할 수도 있었다. 그것은 집에서 키우는 애완 동물을 뜻할 때가 많다. 예수님께서는 귀를 기울이지 않으셨을 때도 그녀를 향한 자비를 베푸실 계획을 갖고 계셨던 것이 분명하다.

그래도 그녀는 "당신이 저에 대해 그렇게 생각하신다면

떠나겠습니다"라고 말하면서 화를 내며 가버리지 않았다. 그녀가 얼마나 먼 길을 왔는지 생각해보라. 그분의 침묵을 참았고, "나는 이스라엘 집의 잃어버린 양 외에는 다른 데로 보내심을 받지 아니하였노라"는 차가운 거절도 참았다. 급기야 '개' 또는 최소한 '강아지'라고 불리는 모멸을 극복해야 했다. 오늘날 우리는 누군가가 우리와 다른 의견을 제시하면, 아무리 정중하게 나오더라도 쉽게 마음이 상한다. 그러나 이 여자는 무례한 말로 해석될 수 있는 말을 듣고도 단념하지 않았다. 그녀는 자신의 목적을 잊지 않았다. 그녀는 고자세로 요구하는 것이 아니라, 예수님 앞에서 자신을 낮추면서 다만 끈질기게 간구했다.

그녀는 예수님의 말씀에 동의하면서 계속 담대하게 밀어붙이며 겸손히 말했다. "주여 옳소이다마는 개들도 제 주인의 상에서 떨어지는 부스러기를 먹나이다"(27절). 비록 유대인들과 같은 식탁에 앉을 수는 없지만 적어도 식탁 밑의 강아지는 되지 않느냐고 주장함으로써 자신의 요구를 변호했다. 그녀는 왜 그런지 이유를 묻지 않았다. 자신의 삶이 불공평하다는 이유로 어떤 분노의 흔적도 드러내지 않았다.

그녀는 사실상 이렇게 말하고 있었다. "저는 한 끼 식사를 요구하는 것이 아닙니다. 다만 빵 부스러기를 조금만 달라는 것입니다." 그녀는 자녀들이 먹는 음식이 아니라 그들이 버리는 음식을 원했을 뿐이다. 그녀는 그들에게 손해를 끼치면서 이득을 얻으려 하지 않았다. 무슨 일이 있어도 자녀들은 잘 먹여야 한다. 그녀는 식탁에서 떨어지는 부스러기들, 즉 예수님의 큰 능력의 작은 흔적으로 만족할 것이다.

예수님께서는 더 이상 참으실 수가 없었다. "여자야 네 믿음이 크도다 네 소원대로 되리라 하시니 그 시로부터 그의 딸이 나으니라"(28절).

마틴 루터(Martin Luther)는 말했다. "그녀는 주님이 하신 말씀을 가지고 맞서 그분의 마음을 돌렸다." 어떤 사람은 그녀의 믿음이 천국 벽을 타고 올라가 조물주의 마음을 감동시켰다고 말했다. 그녀는 자기가 구한 부스러기보다 더 많은 것을 얻었다. 끈질긴 간구로 온전한 빵을 얻은 것이다. "영광의 주께서 한 여자의 믿음에 항복하셨다."[2]

---

2. 같은 책, 474.

믿음의 꽃

이 꽃은 비록 사막에 심겨졌지만 자라서 하나님을 향한 아름다운 향기가 되었다. 이 여자는 참된 믿음을 소유하는 것이 축복의 한가운데 서 있는 사람들에게만 국한되지 않는다는 사실을 보여준다. 끈질기게 구하는 자들은 하나님께서 약속하셨다고 믿는 바를 그분으로부터 받는다. 마태복음에서 '큰' 믿음을 가졌다고 예수님께 칭찬받은 사람은 단 두 사람뿐이다. 둘 다 이방인이었다. 마태복음 8장 10절에 나오는 백부장과 이 이야기에 등장하는 여자다.

혹시 우리는 어느 시점에서 포기하고 물러서 홀로 슬퍼하거나 잘못된 희망을 가지고 다른 원천으로부터 도움을 구하려 하지는 않았는가?

여기에 인내에 대한 큰 교훈이 있다. 우리는 삶의 딜레마들에 대한 해답을 찾기 위해 계속해서 예수님께 나아가야 한다. 그분은 굳은 마음을 변화시키고, 상한 관계를 치유하시며, 잃어버린 순결을 회복시키시고, 절망적인 상황에 희망을 가져다주시는 능력이 있음을 믿어야 한다. 여성들에 대한 예수님의 사랑은 변하지 않았다. 그분은 절실한 사람들, 달리 찾아갈 곳이 없는 사람들을 찾으신다. 그분의 침묵 때문에, 우리의 무가치함과 죄책감 때문에, 또는 다른 사람들의 오해 때문에 낙담하지 말아야 한다.

어쩌면 이것은 제자들에게 교훈을 주기 위한 일이었을지도 모른다. 예수님께서는 다시 한 번 멸시당하는 여자를 그분의 사역에 끌어들이셨다. 편견을 나타내는 것처럼 보였으나, 결국 이방인들이 어떻게 그분의 믿음의 가족에 포함되는가를 보여준 본보기가 되었다. 제자들은 예수님께서 유대인들을 치유하시고 대부분의 시간을 그들과 함께 보내시기를 바랐다. 상처받고 궁핍한 여자들과의 이 기괴하고 사적인 만남들은 그들의 심기를 불편하게 했다.

그러나 예수님께서는 그런 분이시다. 그분은 절망에 빠진 사람들을 찾기 위해 어디든지 가실 것이다. 사회적 장벽, 죄의 장벽, 종교적 장벽, 또는 민족적 장벽들 때문에 그분에게 올 수 없는 여자들을 찾기 위해 예기치 못한 곳에 가신다. 빈 마음으로 그에게 나아오는 자들은 모두 충만히 채워질 것이다. 다른 사람들이 닫힌 율법적 태도로 예수님께 다가올 때, "그녀는 아무 내세울 것 없이 빈손으로 나아왔지만 예수님을 향한 마음이 열려 있었다. 그리고 예수님께서 그녀의 딸을 위한 간청을 들어 주심으로써 유대인과 이방인 사이의 장벽을 무너뜨리실 때 그녀는 상을 받았다."[3]

오늘날 예수님께서는 어디로 가시는가? 우리 교회는 한 여성의 비전과 지도력을 바탕으로 키즈 클럽(Kid's Club)이라는 사역을 시카고의 악명 높은 지역 한가운데서 시작했다. 헌신적인 직원과 수많은 자원 봉사자들 덕분에 그 지역 사회가 변화되고 있다. 이것은 전체적인 프로그램으로 그 안에서 어린이들의 모든 필요, 즉 신체적, 정신적, 영적인 필요가 충족된다. 어린이들은 주의 백성들의 헌신과 희생을 통해 그들에게 다가오시는 그리스도 안에서 소망을 발견하고 있다.

베를린을 여행하던 중 우리는 전쟁 기념관이 되어버린 카이저 빌헬름 교회를 방문했다. 심각한 폭격을 맞은 교회 건물을 노동자들이 재건하기 시작했을 때, 그들은 그리스도의 동상이 심하게 훼손된 것을 발견했다. 장인들이 복구 작업을 시작했으나 한쪽 팔을 찾을 수가 없었다. 그래서 오늘날 그 동상은 한

---

3. Bonnie Thurston, Women in the New Testament(New York: The Crossroad Publishing Co., 1998), 73.

쪽 팔 없이 제단에 세워져 있는데, 그것은 바로 우리가 그리스도의 팔이라는 사실을 상기시켜준다. 그렇다. 예수님께서는 그분을 따르는 자들을 통해 세상의 가장 궁핍한 지역들로 들어가신다. 그분은 우리의 손과 발, 팔과 어깨들을 사용하여 자신의 일을 계속해나가신다.

또한 우리가 이 어머니처럼 절실하게 기도할 때, 하나님께서 들어주실 것이다.

존 번연(John Bunyan)의 「천로역정」을 보면 크리스티나(영웅의 아내), 자비(젊은 순례자) 그리고 아이들이 쪽문을 두드리는 모습이 사실적으로 묘사된다. 그들은 문을 두드리지만 아무도 응답하지 않는다. 그러다 사나운 개가 짖기 시작한다. 여자들과 아이들은 겁을 먹는다. 계속 문을 두드리자니 개가 공격할까봐 두렵고, 돌아서서 가버리자니 문지기가 화를 낼까봐 두렵다. 그들은 다시 문을 두드리기로 한다. 더욱 열심히 두드린다. 마침내 "누구세요?"라는 문지기의 목소리가 들리고 개는 짖기를 멈춘다.

때로 우리는 하나님의 침묵과 그분의 약속에 대한 확신을 부식시키는 장애물들 때문에 낙망한다. 사납게 짖어대는 개들 때문에 믿음이 약해져서는 안 된다. 오히려 우리는 더욱더 가까이 다가가기로 결단해야 한다. "하나님의 가장 거센 일격을 당하고도 그분의 자애를 요구하는 것이 믿음이다."[4]

다음 지침들은, 이 끈질긴 어머니로부터 배운 교훈을 근거로 당신의 요구 사항을 들고 예수님께 나아가도록 도와줄 것이다.

1. 예수님께 겸손히 나아가 그분이 누구인지 고백하라.
2. 담대하게 구체적인 필요에 대한 그분의 자비와 도움을 구하라.
3. 그분의 책망을 조용히 받아들이라.
4. 그분이 당신의 요청을 들어주실 것을 굳게 믿으라.

하나님의 침묵을 무관심으로 해석해서는 안 된다. 예수님께서는 끈질기게 필사적으로 구하는 자들을 도울 준비가 되어 있으시다.

---

4. Warren Wiersbe, The Bible Exposition Commentary, Vol. 1(Wheaton, IL: Victor Books, 1989), 54.

아버지를 바라보며… 딸의 기도

아버지, 제 안에 이 수로보니게 여인과 같은 믿음이 생겨나게 하시고, 제가 두드리면 주께서 응답하시고 구하면 찾게 되리라는 지속적인 확신을 갖게 하소서. 실망했을 때에도 좌절하여 포기하지 않고, 주께서 제게 주기 원하시는 축복과 기적들을 받기 위해 끊임없이 간구하도록 도우소서. 주님을 따르는 것이 삶의 가장 큰 기쁨이요 상급임을 믿는 겸손하고 난호한 미음을 가르쳐주소서. 예수님의 이름으로 기도합니다. 아멘.

4
예수, 창녀를 사랑하시다

Jesus, Lover of a Woman's Soul

한 바리새인이 예수께 자기와 함께 잡수시기를 청하니 이에 바리새인의 집에 들어가 앉으셨을 때에 그 동네에 죄인인 한 여자가 있어 예수께서 바리새인의 집에 앉으셨음을 알고 향유 담은 옥합을 가지고 와서 예수의 뒤로 그 발 곁에 서서 울며 눈물로 그 발을 적시고 자기 머리털로 씻고 그 발에 입 맞추고 향유를 부으니 예수를 청한 바리새인이 이것을 보고 마음에 이르되 이 사람이 만일 선지자더면 자기를 만지는 이 여자가 누구며 어떠한 자 곧 죄인인 줄을 알았으리라 하거늘 예수께서 대답하여 가라사대 시몬아 내가 네게 이를 말이 있다 하시니 저가 가로되 선생님 말씀하소서 가라사대 빚 주는 사람에게 빚진 자가 둘이 있어 하나는 오백 데나리온을 졌고 하나는 오십 데나리온을 졌는데 갚을 것이 없으므로 둘 다 탕감하여 주었으니 둘 중에 누가 저를 더 사랑하겠느냐 시몬이 대답하여 가로되 제 생각에는 많이 탕감함을 받은 자니이다 가라사대 네 판단이 옳다 하시고 여자를 돌아보시며 시몬에게 이르시되 이 여자를 보느냐 내가 네 집에 들어오매 너는 내게 발 씻을 물도 주지 아니하였으되 이 여자는 눈물로 내 발을 적시고 그 머리털로 씻었으며 너는 내게 입 맞추지 아니하였으되 저는 내가 들어올 때로부터 내 발에 입 맞추기를 그치지 아니하였으며 너는 내 머리에 감람유도 붓지 아니하였으되 저는 향유를 내 발에 부었느니라 이러므로 내가 네게 말하노니 저의 많은 죄가 사하여졌도다 이는 저의 사랑함이 많음이라 사함을 받은 일이 적은 자는 적게 사랑하느니라 이에 여자에게 이르시되 네 죄 사함을 얻었느니라 하시니 함께 앉은 자들이 속으로 말하되 이가 누구이기에 죄도 사하는가 하더라 예수께서 여자에게 이르시되 네 믿음이 너를 구원하였으니 평안히 가라 하시니라.

누가복음 7장 36-50절

여자들은 여러 가지 이유로 창녀가 된다. 어떤 이들은 더 이상 다른 길이 없기에 살아남을 수 있는 손쉬운 방법으로 매춘을 택한다. 또 어떤 이들은 여러 가지 복잡한 이유들로 그 길을 선택한다.

우리가 제이미(Jamie)라는 여성을 소개받았을 때, 이러한 사실을 분명히 알게 되었다. 그녀는 부잣집에 입양된 이후 어린 나이에 성적 학대를 당했다. 대학에서 상담을 받았음에도 불구하고 과거의 부정적인 기억들이 떠나지 않았다. 좋은 성적으로 학교를 졸업한 후, 제이미는 계속 학대를 당할까 두려워 집으로 돌아가지 않았다. 가족과 모든 연락을 끊고, 여러 도시로 여행하며 나이트클럽에서 춤을 추기 시작했다.

외롭고 불안한 제이미는 남자들의 사랑과 보호를 받고자 했으나, 그들에게 사랑이란 섹스뿐이었다. 그리고 보호도 기껏해야 하룻밤뿐이었다.

자칭 '사업'을 하는 동안 제이미는 그 도시의 성범죄 단속을 맡은 남자와 친구가 되었다. 성적인 관계를 나누며, 그는 그녀가 구속되지 않게 해주겠다고 약속했다. 이제 거리를 쏘다니기보다는 고급 호텔에서 거래를 확장했다.

하나님의 섭리로 제이미는 한 그리스도인 여자를 만났다. 그들은 함께 무디 교회에 나갔고, 나(어윈)는 제이미에게 성적 치유에 대한 메시지가 담겨진 테이프를 주었다. 그녀는 메시지를 반복해서 듣고 하나님께 울부짖었으나, 여전히 자신의 직업을 그만둘 용기가 나지 않았다. '올바른 세상'에서 살아남을 능력이 없다고 생각한 그녀는 자신의 생활 양식을 버리기가 두려웠다.

제이미는 시카고에서 매춘이 합법적인 네바다의 사창가로 이사를 갔다. 비록 머리로는 자기가 하고 있는 일을 정당화할 수 있었지만, 그녀의 마음은 다른 말을 하고 있었다. 그녀는 자신이 타락했고, 외로우며, 슬프다고 느꼈다. 그러나 여전히 자신의 일을 버리지 못했다.

결국 어느 날, 그녀는 더 이상 견딜 수 없는 지경에 이르렀다. 자포 자기하여 엎드려 큰소리로 기도했다. "하나님, 제 삶을 바꿀 수 있는 힘을 주세요. 제가 이 일을 계속하지 못하게 만들어주세요."

하나님께서는 그녀의 완전한 절망의 기도를 듣고 응답해주셨다. 비록 회심은 더 일찍 했지만, 그때서야 비로소 그리스도께서 자신을 구원하셨다는 것과 자신이 하나님의 딸이라는 사실을 알게 되었다. 몇 달 후, 그녀는 무디 교회에서 세례를 받았고, 오늘날 훌륭한 일을 하고 있다. 하나님께서는 그녀를 도덕적으로 순결하게 지켜주셨고, 예수님 때문에 그녀는 밝은 미래를 열어가고 있다.

만일 당신이 제이미에게 부도덕한 삶으로 돌아가지 않고 살 수 있었던 이유를 묻는다면, 하나님의 말씀 때문이라고 말할 것이다. 그녀는 매일 성경을 읽고 깨닫는다. 또 결정을 내릴 때 지혜로운 조언을 구한다. 그녀는 예수님이 아니었으면 지금 살아 있지도 않을 것이라고 확신한다.

제이미는 이천 년 전에 창녀에게 사랑과 동정심을 가지

고 말씀하신 예수님께서 지금도 그런 여자들에게 동일한 용서의 말씀을 속삭이신다고 말한다.

　　　　　　　　　🌷

　우리는 모두 종교적이고 비판적인 사람들 앞에서 도움보다는 상처를 더 많이 받은 사람들의 이야기를 알고 있다. 그러나 예수님께서는 종교적인 사람들을 통렬히 비판하고, 타락한 사람들에게 자비를 보이심으로 형세를 역전시키곤 하셨다. 그분은 용서를 구하는 자들에게 용서를 베푸시고, 하나님께로부터 그런 선물을 받을 필요가 없다고 생각하는 사람들을 날카롭게 비판하셨다. 궁핍한 자에게 은혜를 베푸시고, 스스로 의롭다 하는 자를 비난하시는 것이 그분의 방식이었다.

　위선자의 집에서 치유받은 창녀의 이야기보다 예수님께서 관습을 깨시는 모습을 더 분명히 보여주는 곳은 없다. 똑같은 방에서 다른 사람들은 그녀를 경멸했고, 예수님께서는 그녀를 환영하셨다. 예수님 앞에서 그녀는, 곁에 서서 그녀가 비난받기를 바라던 사람들보다 더 많은 깨달음을 얻었다.

여자들은 부도덕한 행위로 인한 고통을 예민하게 느낀다. 어떤 사람들은 잘못된 약속들을 믿는다. 어떤 사람들은 자신의 의지와 상관없이 강요를 받는다. 어떤 사람들은 자기 마음을 속인다. 많은 사람들이 단지 사랑받기만을 원한다. 그분을 가장 필요로 하는 사람들에게 다가가시는 예수님께서는 이 여자에게 새로운 정체성과 내적 평안을 주셨다. 이것이 성적인 과거 때문에 괴로워하는 모든 이들에게 격려가 되길 바란다.

시몬은 이 기적을 행하는 사람을 직접 시험해보기 위해 그리스도를 대접한 바리새인이었다. 그는 겸손한 척하며 예수님을 지기 집 저녁 식사에 초대했다. 관습에 따라, 남자들만 초대되었다. 그러나 당시 초대받지 않은 손님들도 방 벽 쪽에 둘러서서 식사 후에 이루어지는 신학적인 토론을 들을 수 있었다. 틀림없이 이 연회는 대대적으로 광고가 되었을 것이고, 아마 그렇게 들른 손님들이 꽤 많았을 것이다. 따라서 한 여자가 스스로 그 자리에 왔다는 것 자체가 불쾌한 일이었고, 게다가 그녀가 창녀라는 사실은 이를 사회적으로 용납할 수 없게 만들었다.

손님들은 낮은 식탁에 앉아, 아마 발을 바닥보다 높이 올려놓았을 것이다. 각각의 손님들은 식탁에 기대고 앉아, 왼쪽으로 몸을 기울여 왼팔로 지탱하고 오른손으로 자유롭게 음식을 먹었을 것이다. 관습대로 가장 중요한 손님이신 예수님께서 가장 높은 자리에 앉으셨을 것이다.

달갑지 않은 이 불청객 여자는 죄인으로 살아왔다고 묘사된다. 모든 사람이 죄인이므로 저자인 누가는 이 여자가 특별한 죄인, 즉 행실이 나쁜 여자였다는 것을 말하려 한 것이 틀림없다. 분명히 그녀는 창녀, 셀 수 없을 만큼 성관계를 가진 불결한 여자로 알려져 있었다.

여자들이 그런 생활에 빠지는 데는 여러 가지 이유가 있다. 많은 경우, 학대나 괴롭힘을 당했던 여자는 수치심과 사랑받을 가치가 없다고 느끼며, 성실한 남편을 맞이할 수 없을 것이라고 느낀다. 그리고 자신의 이기적인 욕망을 위해 그녀를 이용하는 남자의 품 안에서 더 안전하다고 느낀다. 감정적으로 황폐한 상태에서 창녀로 사는 것이 자기에게 주어진 유일한 길이라고 믿는다. 반면에 좋은 가정에서 자란 한 젊은 여자는 부모님께 반항하며 나쁜 친구들의 영향을 받고, 시험 삼아 성관계를 맺으며 마약과 술을 접한다. 그녀는 자신의 삶이 황폐해졌다는 잘못된 믿음을 가지고 집을 나간다. 집도, 돈도 없는 그녀는 자신이 선택할 수 있는 유일한 길은 매춘이라고 생각한다.

때때로 여자는 직장에서 남자의 유혹을 받는다. 그러나 그는 조만간 그녀를 버리고 다른 여자에게 간다. 그녀는 거절당하고 무시당했다는 굴욕감을 느낀다. 몇 년 동안 그렇게 여러 관계들이 이어지면서, 그녀는 자신이 닳고 닳았으며 쓸모없다고 느끼게 된다. 결국 생계를 위해 몸을 팔기로 마음먹는다.

어쩌면 예수님께 나아온 이 여자도 남편에게 배신당하고 버림받아서 어쩔 수 없이 돈을 벌기 위해 그 직업을 택했는지 모른다. 그녀가 증오하던 남자들은 돈 몇 푼에 그녀를 살 수 있었고, 그녀로 하여금 길거리에서 살아가게 해주었다. "그녀는 더러운 잡지책처럼 이 남자에게서 저 남자에게 넘겨져 잠깐 사용된 후 내던져졌다."[1]

그녀가 예수님께 다가갔을 때, 양해를 구하거나 변명하는 말은 한 마디도 하지 않았다. 마치 방 안에 그들만 있는 것처럼 행동하며, 그녀는 자기가 계획한 의식을 수행해나갔다. 그녀는 예수님 앞에 무릎을 꿇고 옷 속에서 값비싼 향유 옥합을 꺼냈

---

1. William Barker, Personalities Around Jesus(New Jersey: Fleming H. Revell, 1963), 142.

다. 옥합을 열고 그 귀한 향유를 예수님의 발에 쏟아붓기 시작했다. 좋은 향기가 방 안 가득 퍼지자, 그녀는 울기 시작했다. 그녀의 뺨에 눈물이 흘러내렸고, 예수님의 발을 적셨다. 사실 헬라어 본문은 "그녀가 눈물로 그의 발을 적시기 시작했다"로 번역할 수 있다. 그리고 자기 머리카락으로 그 젖은 발을 닦았다. 이와 같은 헌신적인 행동을 부끄러움 없이 반복해서 했다.

시몬은 화가 났다. 그는 자신의 잘 짜여진 저녁 식사를 망칠까봐 걱정되었다. 그를 가장 화나게 한 것은 가장 중요한 손님이 관습대로 반응하지 않은 것이었다. "모든 예절에 관한 규율을 볼 때, 그처럼 역겨운 피조물과 접촉하는 순간 예수님께서 혐오감을 느끼며 뒤로 물러서셔야 했다고 말한다."[2] 시몬의 생각에 이것은 예수님께서 선지자가 아니시라는 증거였다. 만일 그분이 선지자라면 이 여자가 누구며 직업이 무엇인지도 알았을 것이기 때문이다. 어떻게 예수님께서 그녀가 그토록 수치스럽게 행동하도록 내버려두고, 심지어 그녀의 역겨운 감정이 폭발하는 것을 용인하실 수 있단 말인가?

---

2. 같은 책, 102.

뻔뻔스럽게 관습을 무시하고 품격 있는 연회를 망친 이 여자에 대한 경멸로 전체적인 분위기가 긴장 상태로 변했다. 시몬은 당혹스러웠으나 그리스도께서는 그렇지 않으셨다. 이것은 그날 저녁을 위해 계획된 토론 주제였다.

지금 이 여자는 그리스도와 바리새인 앞에 있다. 한 사람은 그녀를 용납하지만 다른 한 사람은 그녀를 원망한다. 결국 영광의 주께서 그녀에게 죄 사함을 얻었다고 말씀하셨다. 부도덕한 여자가 더 이상 무엇을 구할 수 있었겠는가?

수치심에서 평안으로

정말 거짓말 같은 이야기다. 그녀의 눈물이 세상에서 가장 완벽한 사람의 발을 씻었다. 그분의 용서가 그 동네에서 가장 죄 많은 여자의 영혼을 깨끗하게 했다. 예수님께서 그녀를 용서하시고 그녀의 존엄성을 회복시켜주셨을 때, 그녀는 즉시 자기 혐오에서 벗어나 평안을 얻었다. 예수님 때문에 그녀는 다른 사람들이 평생 자력으로 이룰 수 없는 일을 짧은 순간에 이룰 수 있었다.

도대체 무엇 때문에 이 여자가 예수님의 관심과 자비를

받을 수 있었던 걸까?

그녀는 정직했다. 그녀는 위선이나 허영에 대한 욕망이 없었다. 그녀는 자기 의를 내세우는 바리새인의 집에 가면 조롱과 멸시를 받게 되리라는 것을 알았다. 그러나 새로운 삶에 대한 갈망이 자신의 부끄러움을 감추려는 자연적인 성향을 압도했다. 그리스도를 만나고 싶은 갈망이, 시몬과 그의 친구들로부터 받게 될 도덕적인 비웃음에 대한 두려움보다 훨씬 더 강했다. 그 당시 문화에서는 그녀가 은혜를 기대할 근거가 전혀 없었다. 즉, 종교적인 사람들은 율법의 가혹한 형벌을 집행하는 법밖에 몰랐다.

우리가 하나님 앞에서 정직하게 감춰진 죄를 드러낼 때, 하나님의 은혜가 우리의 삶 속에서 역사한다. 누군가 말했듯이 부도덕한 과거의 힘을 타파하는 첫걸음은 "거짓된 삶을 살고자 하는 자연적인 성향을 죽이는 것이다." 하나님의 은혜와 도움은 자신의 악한 비밀들에 진저리가 난 사람들, 그래서 용서와 깨끗함을 구하는 자들에게 온다. 우리는 "죄가 더한 곳에 은혜가 더욱 넘친다"는 로마서 5장 20절 말씀을 확신한다. 하나님께서는 우리를 죄에서 구원하시기 위해 은혜를 주신다.

예수님께 나아갈 자격을 갖추기 위해 우리 자신을 변화시킬 필요가 없다. 다만 우리는 있는 그대로, 숨김없이, 정직하게, 기대하며 나아가기만 하면 된다. "자기의 죄를 숨기는 자는 형통치 못하나 죄를 자복하고 버리는 자는 불쌍히 여김을 받으리라"(잠 28:13).

당신은 예수님 앞에서 기꺼이 자신의 과거를 직시해야 한다. 그분은 당신의 상한 마음을 고쳐주시고, 당신의 영혼에 평안을 주실 수 있다. 그분은 더러움을 온전함으로, 공허함을 평안으로 바꾸어주신다.

그녀는 믿음이 있었다. 우리는 이 여자의 믿음에 놀란다. 그녀는 예수님에 대해 들은 사실을 모두 믿었다. 어쩌면 그분의 얼굴에 나타난 인자함을 보았거나 멀리서 그분의 사랑과 소망의 메시지를 들었을지도 모른다. 그리고 예수님 앞에서 그녀의 믿음은 꽃을 피웠다. 그녀는 이 사람이 자신을 이용했던 많은 사람들과 달리 믿을 수 있는 분이라는 것을 알았다.

그녀는 예수님께서 자신에 대해 모두 알고 계심에도 불

구하고 자신을 받아주실 거라고 믿고 그분에게 향유를 부었다. 그것에 대해 예수님께서는 이렇게 말씀하셨다. "네 믿음이 너를 구원하였으니 평안히 가라"(눅 7:50). 그녀를 구원한 것은 눈물도 아니고 값비싼 향유를 예수님의 발에 부은 사랑의 행위도 아니었다. 그녀의 영혼에 하나님의 구원이 임한 것은 선한 행동 때문이 아니다. 믿음, 오직 믿음 때문이다. 바로 믿음이 예수님의 용서와 구원 속에서 그녀의 죄들을 씻어준 것이다.

그녀는 그분이 바리새인이 아니라는 사실에 얼마나 감사했을까. 만일 예수님께서 그녀에게 "여자여, 나는 창녀와 접촉하는 것을 원치 않는다. 내가 거룩한 하나님의 아들임을 모르느냐? 네가 있던 거리로 다시 돌아가거라!"고 말했다면 어땠을까. 그녀를 용서할 자격이 있는 유일한 분에게 거절당했다면, 우주 가운데 그녀가 용서받기 위해 찾아갈 곳은 아무데도 없었을 것이다. 만일 하나님의 아들이 등을 돌리셨다면, 그녀는 영원한 절망에 빠질 수밖에 없었을 것이다. 그러나 그분이 단 한마디로 용서하셨기 때문에, 그녀는 영원한 기쁨을 가지고 그 자리를 떠날 수 있었다.

그녀는 자신의 감정에 직면했다. 이 여자는 왜 울었는가? 그녀를 배신했던 남자들을 생각해보라. 잘못된 사랑의 확신과 깨어진 약속들. 그녀의 자기 가치는 이미 사라진 지 오래다. 어쩌면 한 가정의 아버지이자 남편인 그들과 범한 죄 때문에 그 가정이 무너졌던 일을 떠올렸을지 모른다. 또는 자신의 평범하지 않은 생활 양식 때문에 방치하고 있는 자녀들이 있었을지도 모른다. 그녀는 상한 마음에서 우러나오는 슬픔 때문에 울었을 것이다.

평생의 눈물이 그녀의 뺨에 흘러내렸고 예수님의 발에 떨어졌다. 동사의 현재 시제는 그녀가 계속 눈물을 흘렸고, 계속 향유를 부었으며, 계속 자신의 머리카락으로 예수님의 발을 닦았음을 나타낸다. 그녀의 삶의 고통, 즉 죄책감, 수치심, 거절당함, 오욕, 실패 등이 한꺼번에 쏟아져내렸다.

그녀는 이 모든 감정들을 자신의 영혼 깊숙한 곳에 꾹꾹 눌러 담고 과거의 고통을 회피할 수도 있었다. 그러나 그랬다면 결국 원한을 품은 독하고 모진 여자가 되었을 것이다. 아니면 공허한 삶의 고통을 누그러뜨리기 위해 계속 강제적인 관계들을 추구할 수도 있었다. 사랑과 자기 가치를 찾아 방황하는 것이 무익하다는 사실을 인정하지 않고, 계속 이 사람 저 사람과 관계를 맺을 수도 있었다.

성적인 파멸의 역사와 싸우는 사람들은 종종 진실한 순간, 즉 영혼 깊은 곳에 묻어두었던 고통과 직면하는 순간을 맞이한다.

종종 회개할 때 눈물을 흘린다. 이것은 우리가 눈물을 흘리지 않으면 용서받을 수 없다는 뜻도, 이 여자가 눈물로 죗값을 치렀다는 뜻도 아니다. 그러나 성적인 죄는 거의 항상 다른 사람들이 모르는 깊은 고통을 수반한다. 모든 부정한 관계에는 또 다른 상처가 숨겨져 있기 때문이다.

학대받은 어린이들은 "영혼 깊은 곳에 하염없이 울 장소가 없다"고 한다.

하나님께서 우리에게 눈물샘을 주신 것은 고통스러운 감정과 기억들을 내보내게 하시기 위해서다. 예수님 앞에서 눈물을 흘릴 때, 바로 그때 치유가 시작된다.

그녀는 용서를 받아들였다. 예수님께서는 그날 저녁 토론 주제를 정하셨다. 시몬이 만일 예수님께서 진짜 선지자시라면 예수님 자신을 만지게 이 여자를 내버려두지 않으셨을 거라고 생각한 사실을 이미 언급했다. 시몬의 생각에, 예수님께서 그 여자를 내버려두셨다는 것은 그분이 당시의 관습도 따르지 않는 미숙한 랍비라는 증거였다. 시몬은 예수님의 행동을 거부했고, 따라서 예수님 자신도 거부했다. 시몬은 하나님이라면 그 자리에서 어떻게 하셨을지 자신이 안다고 생각했다.

예수님께서는 이 비유를 말씀하심으로 시몬의 마음을 드러내셨다. "빚 주는 사람에게 빚진 자가 둘이 있어 하나는 오백 데나리온을 졌고 하나는 오십 데나리온을 졌는데 갚을 것이 없으므로 둘 다 탕감하여 주었으니 둘 중에 누가 저를 더 사랑하겠느냐 시몬이 대답하여 가로되 제 생각에는 많이 탕감함을 받은 자니이다"(41-43절).

그러고 나서 예수님께서는 핵심을 지적해주신다. "이 여자를 보느냐 내가 네 집에 들어오매 너는 내게 발 씻을 물도 주지 아니하였으되 이 여자는 눈물로 내 발을 적시고 그 머리털로 씻었으며 너는 내게 입 맞추지 아니하였으되 저는 내가 들어올 때로부터 내 발에 입 맞추기를 그치지 아니하였으며 너는 내 머리에 감람유도 붓지 아니하였으되 저는 향유를 내 발에 부었느니라 이러므로 내가 네게 말하노니 저의 많은 죄가 사하여졌도다 이는 저의 사랑함이 많음이라 사함을 받은 일이 적은 자는 적게 사랑하느니라"(44-47절).

그 이야기는 적중했다.

예수님께서 이 이야기를 하시면서 집주인의 독선적인 생각을 드러내셨을 때, 시몬의 얼굴 표정이 어땠을지 상상해보라. 예수님께서는 자신이 시몬의 생각을 알고 계시다는 것을 보여주심으로써 자기를 만진 자가 누구인지도 알고 있고, 결국 자신이 선지자시라는 것을 입증하셨다. 사실 그분은 이 여자의 과거를 아셨을 뿐 아니라 또한 그녀에게 새로운 미래를 약속할 권한을 가진 선지자셨다.

예수님의 말씀을 천천히 살펴보자. "이 여자를 보느냐?" 예수님께서는 이렇게 묻고 계셨다. "너는 '정말로' 그녀가 온 목적을 아느냐? 너는 도움이 필요한 사람과 은혜가 필요한 사람을 볼 수 있느냐?" 예수님께서는 이 여자와 바리새인의 차이점을 보여주셨다. 시몬은 이 여자만큼, 어쩌면 그보다 훨씬 더 많이 용서가 필요했다. 자신에게 용서가 필요함을 아는 사람들은 자신에게 그런 자비가 필요하다고 생각지 않는 사람들보다 더 하나님 나라에 가까이 있다. 그래서 예수님께서는 창녀들이 독선적인 사람들보다 먼저 천국에 간다고 말씀하신 것이다.

우리가 죄 사함 받은 정도에 따라 사랑의 정도가 달라진다고 예수님께서 지적하셨을 때 방 안에 팽팽한 긴장감이 감돌았을 것이다. 물론 시몬이 겉보기에 용서받아야 할 죄가 거의 없었기 때문에 그리스도를 깊이 사랑할 수 없다는 뜻으로 해석해서는 안 된다. 그리스도의 의도는 자신에게 용서가 조금 필요하다고 '생각하는' 사람들은 조금만 사랑한다는 것을 가르치시려는 것이었다. 자신의 죄를 명백히 보는 사람들은 많이 사랑할 것이다.

자기도 부족하면서 남들을 비난하는 시몬은 어떤 사람이었는가? 그는 자기 만족에 빠져 다른 사람들을 경멸했다. 그의 자기 기만은 자기도 모를 정도로 잘 감추어져 있어서 진실을 볼 수 없었다. 이 여자는 '자신의 죄'를 보았고, 시몬도 그녀의 죄를 보았다. 그러나 그는 자신의 죄를 볼 수 없었다. 그 결과, 그는 사랑할 수 없었다. 그는 자기 자신과는 사이가 좋았지만 하나님과는 그렇지 못했다.

그러나 예수님께서는 이 독선적이고 판단하기 좋아하는

고집쟁이와 그의 친구들 앞에서 모두 들을 수 있게 큰소리로 선언하신다. "네 죄 사함을 얻었느니라"(48절). 누군가가 그녀에게 친절하게 말을 건네고, 주변 사람들에게 그녀가 하나님께 특별한 사람이라는 것을 알림으로써 긍지를 갖게 해준 것은 처음 있는 일이었을 것이다. 그녀는 가치를 인정받았다.

때때로 성적인 죄를 범한 사람들은 용서받을 가치가 없다고 느낀다. 그렇다. 우리는 모두 무가치하다. 그러나 하나님의 은혜는 완전히 일방적이다. 우리는 우리의 엄청난 필요 외에는 하나님께 가져갈 것이 없다. 용서는 예수님의 공로에 근거한 값없는 선물이다. 그렇기 때문에 하나님께서는 작은 죄들보다 큰 죄들을 용서하기가 더 어렵다고 생각지 않으신다.

당신의 죄가 얼마나 끔찍한 결과를 낳았든 간에 하나님께서는 당신이 죄책감을 완전히 벗어버리기를 원하신다. 다윗이 간음하고 우리아를 죽인 죄를 용서받았다면, 비록 죄의 결과가 아직 남아 있다 하더라도 하나님께서 성적인 죄를 용서해주실 것을 확신할 수 있다.

그녀는 깨끗케 되었다. 많은 사람들이 예수님의 용서를

받고도 여전히 남아 있는 죄책감과 자책감에 시달리고 있다. 한 번은 어떤 젊은 여자가 우리에게 편지를 보냈는데, 어떤 나이 많은 여자가 그녀에게 성관계를 맺자고 유혹했다는 내용이었다. 처음에는 저항했지만 그녀는 결국 굴복했고, 그로부터 5년간 동성애와 싸우기 시작했다. 그녀는 이런 글을 남겼다. "오, 내 존재의 중심에서 어찌나 악취가 나는지! 나는 하나님께서 나를 용서하셨다는 것을 알아요. 하지만 나 자신을 용서할 수 없습니다. 눈물밖에 나지 않아요.… 나는 너무나 지치고 늙은 것 같습니다. 나 같은 사람에게도 희망이 있을까요? 하나님께서는 제가 자신이 한 일을 후회하면서도 잘못된 길을 택한 유다처럼 되는 것을 원치 않으실 테지요!"

그렇다! 백 번 천 번 옳다. 희망은 있다.

그러나 이 편지를 쓴 여자는 왜 자기 죄를, 그것도 여러 번 고백했음에도 불구하고 여전히 더럽다고 느끼는 것일까? 첫째, 그녀는 하나님의 용서를 구할 뿐 아니라 하나님께서 깨끗케 해주실 것을 구해야 한다. 그녀는 그럴 권리가 있다. 그녀의 양심은 깨끗하게 씻길 수 있고, 그녀는 비난의 소리를 듣지 않으며, 더럽혀진 양심과 함께 오는 무거운 짐을 지지 않고 살아갈 수 있다. "만일 우리가 우리 죄를 자백하면 저는 미쁘시고 의로 우사 우리 죄를 사하시며 모든 불의에서 우리를 깨끗게 하실 것이요"(요일 1:9).

둘째, 그녀는 마귀의 비난과 성령의 음성을 혼동하는 오류를 범하고 있는지 모른다. 성령의 책임은 우리에게 죄를 깨닫게 하여 그 죄를 자백하도록 하는 것이다. 그 후에 성령께서는 우리 마음에 평안을 가져다주신다. 바로 그때 사탄이 점거하여 하나님의 일을 모방하려 하고, 하나님께서 이미 용서하신 죄들을 계속 떠오르게 할 때가 더러 있다. 사탄의 고소를 성령의 깨우침으로 착각하는 그리스도인들은 죄 사함을 확신하지 못하고 계속 죄를 자백하는 악순환에 빠진다. 또는 죄의 대가로 늘 죄책감을 가지고 살아야 한다는 거짓말을 믿는다.

용서와 정결케 됨은 모든 수치스러운 성적인 죄에도 적용된다. 용서받지 못할 죄는 없다. 죄책감에 빠져 있다고 해서 죗값을 치르는 것이 아니다. 예수님의 죽음, 즉 시몬의 집에서 이 여자를 용서하신 후 맞이해야 했던 죽음과 부활이 그녀와 우리의 죗값을 치렀다.

당신이 죄를 고백했는데도 사탄이 또 당신의 과거를 생

각나게 한다면 당신은 그의 미래를 상기시키라. 사탄은 그리스도의 죽음과 부활로 인해 결국 패배했고, 영원한 심판이 그를 기다리고 있다.

자기 자신을 용서하지 못하는 사람들이 있다. 우주의 최고 입법자가 당신에게 깨끗하다고 선언하셨는데, 당신이 스스로 더럽다고 선언할 권리가 있는가? 하나님께서는 이미 용서하신 우리의 죄를 깊은 바다 속에 던지시고, 다시는 기억하지 않으신다. 그런데 우리가 양심의 가책을 가지고 살아야 하는가? 그렇지 않다. 양심의 가책은 후회에 불과하다. 그러나 우리가 주님 앞에 나아갈 때, 양심은 깨끗해지고 죄책은 십자가에 못 박히신 우리의 구속주에게 옮겨진다.

2천 년 전, 예수님 당시 창녀가 믿음을 가질 수 있었다면 오늘날 동성애자도 주님을 믿을 수 있다. 둘 다 "네 죄 사함을 받았느니라"는 구세주의 음성을 들을 수 있다. 당신 손에 어떤 것을 가지고, 즉 어떤 개혁의 약속이나 당신 생각에서 나온 참회의 행위를 가지고 예수님께 나아가고픈 유혹을 뿌리치라. 다만 당신의 어두움을 그의 빛 가운데로 가지고 가라.

자유를 향한 걸음

그리스도께서 이 여자에게 마지막으로 하신 말씀은 "평안히 가라"였다(50절). 용서에는 항상 평안이 따라온다. 마치 예수님께서 새로운 정원으로 들어가는 문을 열어주신 것 같았다. 우리와 마찬가지로 그녀에게도 기쁨으로 누릴 수 있는 새 생명의 약속이 주어졌다. 그녀는 과거를 깨끗이 청산하고 새로운 삶의 기회를 맞이했다. '가라'는 말은 그 순간부터 그녀가 다른 삶을 사는 다른 여자가 될 것을 의미했다. 그녀를 용서하신 주님은 또한 그녀에게 새로운 삶을 살아갈 힘을 주시는 분이었다.

때로는 과거의 사슬에서 벗어나기 위해 강력한 조처를 취할 필요가 있다. 예수님께서는 정욕과 간음에 대해 이렇게 말씀하셨다. "만일 네 오른 눈이 너로 실족케 하거든 빼어 내버리라 네 백체 중 하나가 없어지고 온몸이 지옥에 던지우지 않는 것이 유익하며 또한 만일 네 오른손이 너로 실족케 하거든 찍어 내버리라 네 백체 중 하나가 없어지고 온몸이 지옥에 던지우지 않는 것이 유익하니라"(마 5:29-30). 예수님께서는 가장 강한 언어로 "성적인 죄의 구덩이에 빠지지 않기 위해 해야 할 일을 다 하라"고 말씀하고 계신다. 그것은 당신에게 잘못한 사람들을 용서하고, 과거의 행동 양식을 버리도록 도와줄 수 있는 사람들에게 의지하는 것을 포함한다.

우리는 모두 성경의 약속들을 기억하고 하나님의 완전한 용서를 의지해야 한다. 하나님의 말씀의 능력을 믿으면 다르게 살 수 있는 힘이 생긴다. 성령께서 새로운 길을 가기 원하는 모든 사람들과 함께하신다.

명심하라. 언제나 우리는 한때 우리의 주인이었던 죄로 돌아가고픈 유혹을 받을 것이다. 우리는 사탄에 대해 저항하고, 기도로 그의 능력에 맞설 다른 사람들의 도움을 받는 법을 배워야 한다. 전투는 치열할 것이다. 그러나 우리 주 예수 그리스도를 통해 승리할 수 있다.

찰스 웨슬리(Charles Wesley)는 많은 사람들이 하나님께서 소멸하신 죄들과 아직도 싸우고 있는 것을 알았다. 그러나 그는 우리에게 다음과 같은 확신을 준다.

> 그분은 소멸된 죄의 힘을 무너뜨리신다.
> 그분은 죄수를 해방시켜주신다.
> 그분의 보혈은 가장 더러운 사람을 깨끗이 씻을 수

있다.

그분의 보혈은 우리에게 효력이 있다.

성적인 과거 때문에 괴로워한 적이 있는 수많은 사람들이 예수님의 보혈의 능력으로 지금 자유의 길을 걷고 있다. 그들은 죄책감, 원한, 분노, 자기 혐오, 증오의 감옥에서 해방되었다. 예수님께서는 우리 모두를 위해 이런 사슬들을 끊어주신다. 단, 오래전에 그녀가 했던 것처럼 기꺼이 주님께 나아간다면 말이다. 과거는 바뀔 수 없지만, 과거의 '힘'은 약해지고 파괴될 수 있다.

아버지를 바라보며… 딸의 기도

하늘에 계신 아버지, 우리 주 예수님을 통해 제 자신을 온전히 하나님 앞에 내어드립니다. 하나님께서는 저의 과거, 고통, 비밀들을 모두 아십니다. 제 삶을 주님께 고백하며, 주의 용서와 깨끗케 하심을 구합니다. 지금 이 시간 예수님께서 제 과거의 구속주이시며, 제 미래의 주인이심을 고백합니다. 예수님께서 제 의가 되시며, 제가 정결케 되었다는 말씀을 믿음으로 받아들입니다. 주님, 저를 사랑해주시고 용납해주셔서 감사합니다. 예수님의 이름으로 기도합니다. 아멘.

5
예수, 병든 자와 죽어가는 자를 사랑하시다

Jesus, Lover of a Woman's Soul

회당장 중 하나인 야이로라 하는 이가 와서 예수를 보고 발 아래 엎드리어 많이 간구하여 가로되 내 어린 딸이 죽게 되었사오니 오셔서 그 위에 손을 얹으사 그로 구원을 얻어 살게 하소서 하거늘 이에 그와 함께 가실새 큰 무리가 따라가며 에워싸 밀더라 열두 해를 혈루증으로 앓는 한 여자가 있어 많은 의원에게 많은 괴로움을 받았고 있던 것도 다 허비하였으되 아무 효험이 없고 도리어 더 중하여졌던 차에 예수의 소문을 듣고 무리 가운데 섞여 뒤로 와서 그의 옷에 손을 대니 이는 내가 그의 옷에만 손을 대어도 구원을 얻으리라 함일러라 이에 그의 혈루 근원이 곧 마르매 병이 나은 줄을 몸에 깨달으니라.

마가복음 5장 22-29절

하나님께서는 항상 우리가 구하는 대로 우리 기도에 응답하지 않으신다. 그분은 자주 우리를 시련에서 벗어나게 해주시는 대신 그 시련을 이겨낼 수 있는 은혜를 주신다.

나(레베카)는 40년 넘게 심한 두통에 시달려왔다. 머리가 욱신거리고 정말 참기 어려운 고통이다. 보통 절반 이상은 약물의 도움으로 조금씩 완화되었다. 어떤 때는 무서운 고통과 구토를 동반하며 3, 4일 동안 지속되기도 했다. 1980년대 말, 나는 유명한 두통 전문 병원에서 광범위한 검사를 받았고, 마침내 병명을 알아냈다. 편두통이었다. 여러 종류의 약을 복용했고, 약간은 효과를 보았다. 어떤 알약, 주사약, 붙이는 약들은 부작용을 줄여주었다. 어떤 것은 전혀 효과가 없는 약들도 있었다.

내 삶의 모든 면이 이 두통의 영향을 받았다. 공부, 간호사 일, 사역, 여행, 가족을 돌보는 일. 때때로 우리 가족은 나를 둘러싸고 고통에서 벗어나도록 기도해주었다. 사랑하는 남편은 나를 위해 수없이 기도하며, 하나님께 자비를 내려달라고 간구했다. 그의 연민과 염려와 기도는 위로와 힘이 되었다. 하나님의 은혜와 능력은 두통의 아픔에도 불구하고 계속 나아가도록 결단력과 끈기를 주었다. 90년대 초, 새로운 약이 시중에 나왔는데 그것이 나에게는 삶을 변화시키는 약이었다. 얼마나 신기한지, 작은 알약 하나만 먹으면 72시간이 아닌 1시간 만에 두통이 씻은 듯이 사라졌다. 나는 자주 눈물을 흘리며 이 놀라운 약을 주신 하나님께 감사드렸다.

그러나 가끔 이 약도 듣지 않을 때가 있었다. 특히 왼쪽 편두통이 그랬다. 2003년 여름에는 정말 심했다. 나는 며칠 동안 클러스터 두통(일정 기간 동안 여러 번 일어나는 심한 두통)에 시달렸다. 계속 두통이 이어졌고, 고통이 없는 때는 사이사이에 단 몇 시간뿐이었다. 나는 콜로라도로 여행을 가서 좋아하는 산 속에서 시간을 좀 보내고 친구들을 방문하기로 계획을 세웠다. 고통에도 불구하고 나는 계획대로 움직이기로 했다. 밤에 차를 몰고 산 속으로 들어갔는데, 장시간 비행으로 인한 긴장과 높은 고도 때문에 심한 두통이 더 심하게 몰려왔다. 숙소에 들어간 후, 나는 긴 고통의 밤을 맞이했다. 약도 듣지 않았고, 정말 절망적인 상황이었다.

두 시간 동안, 머리에 얼음 팩을 얹어놓고 가만히 누워 있었다. 그러나 나아지지 않았고, 고통은 정말 무시무시했다. 머리가 정말 폭발할 것 같았을 때, 나는 두려움과 고통으로 울부짖으며 하늘에 계신 아버지께 나를 보고 계신지 물었다. 이 악몽이 언제 끝날까? 나를 위해 기도해주고 위로해주며 격려해 줄 사람이 아무도 없었다. 어두운 방에서 홀로 있으면서, 나는 예수님께 자비를 내려달라고 부르짖었다. 눈에서 눈물이 쏟아져내렸고, 나는 그분을 향해 팔을 뻗었다. 잠깐 동안, 그분의 옷 가장자리를 만지기만 해도 틀림없이 나을 것이라는 믿음이 생겼다. 나는 큰 믿음으로 기적을 기대하며 손을 뻗었다. 머리는 계속 욱신거렸다.

바로 그때 예수님의 임재와 평안이 그 방을 가득 채웠다. 나는 이것을 생생하게 기억한다. 평온한 느낌이 나를 찾아왔고, 하나님께서 약속하신 은혜가 그곳에 임했다. 잠시 후, 나는 깊은 잠에 빠져들었다. 두 시간 후 깨었을 때, 심한 고통은 사라졌다. 나는 약을 좀더 복용하고 다시 잠이 들 수 있었다. 아침에 깼을 때는 머리가 정말 맑았다. 며칠 만에 처음 있는 일이었다.

나는 그날 밤 치유를 받지 못했다. 그러나 예수님과의 거룩한 만남을 경험했다. 그분의 평안, 능력 그리고 임재는 그분의 사랑과 나를 향한 계획을 믿으며 시련을 극복해나갈 수 있는 은혜와 능력을 주었다.

혈루병 앓는 여자의 이야기는 늘 내가 좋아하는 말씀이었다. 나는 고통과 의심, 절망감으로 가득하여 예수님께서 돌보고 계시는지 의심하던 그녀 안에서 나 자신을 본다. 감사하게도 이 여자는 우리가 있는 모습 그대로 예수님께 나아가 그분을 만지며 믿음으로 은혜를 얻을 수 있다는 사실을 가르쳐준다. 그녀는 종종 그늘을 떠나 예수님의 사랑과 용납의 빛 속을 걷도록 나를 고무시켰다.

예수님께서는 이 여자처럼 우리의 안전 지대에서 나와 그분에게 나아오라고 요구하신다. 그분은 우리의 고통과 시련을 함께 겪으신다. 우리의 한계를 알고 계신다. 우리의 믿음을 시험하신다. 우리를 '딸들'이라고 부르신다. 예루살렘의 먼지 많은 거리를 걸으시던 분이 절망과 개인적인 곤궁에 처한 우리를 돕기 위해 이곳에 와 계신다. 우리가 믿음으로 손을 내밀어 그분의 옷자락을 만질 때 기적이 일어날 것이다.

오늘날 우리는 여성들이 무엇을 원하는지, 무엇을 필요로 하는지, 성공하고 인정받기 위한 그들의 투쟁이 사회와 문화적 기대 때문에 얼마나 힘들어졌는지에 대한 글을 자주 읽는다. 그러나 진실을 말하자면, 이러한 도전들은 인간이 존재하기 시작했을 때부터 우리와 함께 있었다. 시대는 변했지만 고통은 변하지 않았다.

시대를 거슬러 올라가보면, 우리보다 먼저 살다간 사람들과의 연속성을 발견한다. "실제로 오늘날 여성들은 자유가 주어졌음에도 불구하고 몇 세기 동안 이전 시대의 여성들이 겪었던 것과 똑같은 일들을 경험하고 있다. 새로 발견한 자유는 외로움과 수치심, 실패, 마음의 고통을 경감시켜주지 않았다."[1] 이 조사가 믿을 만하다면 많은 여성들은 불행하고, 삶이 그들을 속여 잠재력을 빼앗아갔다고 느낀다. 그것이 개인적인 실패나 다른 사람들의 행동 때문이든, 사회적인 압박 때문이든, 그들은 깊은 실망감에 길들여져야 했다.

우리는 여러 해 동안 다발성 경화증으로 고통받아온 한 여성을 알고 있다. 그녀와 함께 사는 성질 급한 남편은 그녀로 인한 재정적, 감정적 손실을 견디기 힘들다는 이야기를 자주 했다. 그들의 자녀들은 다 자라서 막내가 대학 입학을 앞두고 있었다. 그녀는 혼자 남게 될 날이 두려웠고, 자신의 운명에 대해 깊이 생각하며, 아무도 지고 싶어하지 않는 짐짝이 된 듯한 죄책감을 느꼈다.

2천 년 전 예수님을 만났던 이 여자도 자주 그런 느낌에 시달렸을 것이다. 그녀는 예수님의 능력과 은혜의 빛 속으로 들어가기 전까지 어둠 속에서 살았다. 그녀는 병들었을 뿐 아니라, 또한 그녀의 사회적 접촉을 막는 뿌리 깊은 종교적, 문화적 금기와 싸워야 했다. 회당장들이 동정하며 그녀의 말을 들어준 적은 한 번도 없었을 것이다. 그녀의 신체적 장애는 문제의 일부에 불

---

1. Lydia Brownback, Legacy of Faith(New Jersey: P&R Publishing, 2002), xiii.

과했다. 사회에서 배척당하고 가슴 아픈 비밀을 가지고 살아가는 것이 더 큰 문제였고, 그녀를 절망으로 내몬 고통이었다.

그때 그녀는 예수님을 만났다.

예수님께서는 죽어가는 딸을 위한 아버지의 간청으로 이적을 행하러 가는 길에 이 여자를 만나셨다. 문맥을 살펴보자. 예수님의 인기가 높아지자, 점점 더 많은 사람들이 그분에게 몰려들어 너무 많은 요구를 해왔다. 예수님의 말 한 마디에 귀신들린 사람이 제정신으로 돌아왔다. 그러나 귀신들이 돼지 떼에게 들어가 물에 빠져 죽자, 사람들은 예수님께 거라사인 지방을 떠나시라고 요구했다. 그 지방은 갈릴리 동쪽이었다.

예수님께서 떠나시자 한 무리는 안도의 한숨을 내쉬었다. 그러나 또 다른 무리가 예수님을 맞이하기 위해 기다리고 있었다. 한 아버지는 매우 절박했다. 그의 열두 살 된 딸이 죽어가고 있었던 것이다. "회당장 중 하나인 야이로라 하는 이가 와서 예수를 보고 발 아래 엎드리어 많이 간구하여 가로되 내 어린 딸이 죽게 되었사오니 오셔서 그 위에 손을 얹으사 그로 구원을 얻어 살게 하소서 하거늘"(막 5:22-23). 그래서 예수님께서는 그 사람의 집으로 출발하셨고, 무리가 뒤따랐다.

그러나 곧 그 여정에 훼방꾼이 나타났다.

혈루증 앓는 여자

한 여자가 예수님께서 가까이 계신 것을 보고, 일생에 단 한 번 올 법한 기회를 잡아야겠다고 결심했다. 믿음이 두려움을 이겨냈다. 소망이 연약함을 이겨냈다. 곧 예수님께서 지나가실 것이다. 그녀는 예수님을 기다렸다.

여기서 우리는 위급한 병으로 죽어가는 아이의 긴급한 필요와 치료책이 없는 만성 질병에 시달려온 여자의 오래 된 필요의 대조적인 면을 본다. 좀더 자세히 살펴보면 또 다른 차이점을 볼 수 있다. 즉, 병든 아이는 저명한 회당장의 딸인 반면, 병든 여자는 의료 기관에서조차 아무 도움도 받지 못한 보잘것없고 평범한 사람이었다. 그러나 그 아이와 여자 사이에는 흥미로운 유사점이 있었다. 그 소녀가 살아온 햇수인 열두 해는 그 여자가 혈루증을 앓아온 기간과 동일했다는 것이다.

대부분의 사람들은 훼방받는 것을 좋아하지 않는다. 애타는 아버지는 딸이 죽기 전에 예수님을 집으로 모셔가려고 급히 서둘렀다. 그러나 야이로와 수많은 군중들 모르게, 예수님께서는 하나님께서 정하신 스케줄에 따라 움직이고 계셨다. 많은 사람들이 예수님 주변에 몰려들어 도움을 요청했으나, 다른 누구보다도 더 많이 예수님을 필요로 하는 한 사람이 있었다. 예수님께서는 무엇을 하셨는가? 세상의 아버지는 예수님께서 그의 딸을 치료해주시길 원했고, 하늘에 계신 아버지께서는 예수님이 하나님의 '딸'을 치료해주길 원하셨다.

야이로는 중요한 회당의 관리였고, 이 여자는 보잘것없는 무명인이었다. 그러나 예수님께서는 그녀를 돕기 위해 가던 길을 멈추셨다. 야이로는 부자였으나, 이 여자는 가진 것이 없었다. 야이로는 급했으나, 예수님께서는 치료를 좀 미뤄도 될 것 같은 한 여자를 위해 그를 기다리게 하셨다.

그러나 그날 야이로와 그 여자는 '둘 다' 예수님의 도움을 받았다.

그녀의 상태 | 우리는 한 달간 지속되는 월경을 상상해볼 수 있다. 6개월, 1년은 그럴 수 있다. 5년까지도 어쩌면 그럴 수 있겠다. 그러나 12년 동안 계속되는 것은 도저히 상상도 할 수 없다. 그리고 이것은 단순한 월경이 아니었다. 세 복음서는 모두 그것

을 지속적인 출혈로 언급한다. 여기에 쓰인 헬라어는 '출혈'로 번역될 수 있다. 여자에게 그런 불행이 닥치는 것을 우리는 생각하기 힘들다. 게다가 그녀는 현대의 편리한 위생 용품이나 위생 시설도 없이 이와 같은 고통을 겪어야 했다. 정말 상상할 수 없는 일이다.

거기에 함축된 의미는 어머어마했다. 이 여자는 본래 월경 기간 동안 격리되어 있어야 한다는 레위기의 가르침에 복종해야 했다. 그녀의 상태에 대해 직접적으로 말하는 구절도 있다. "여인의 피의 유출이 그 불결기 외에 있어서 여러 날이 간다든지 그 유출이 불결기를 지나든지 하면 그 부정을 유출하는 날 동안은 무릇 그 불결한 때와 같이 부정한즉"(레 15:25). 이 부정함은 도덕적 또는 신체적인 것이 아니라 의식적인 것이었다. 사람들에게 죄와 질병의 현실을 상기시키는 하나님의 방법이었다.

그녀는 부정한 여인이었을 뿐 아니라, 그녀가 입고 있는 옷, 잠자는 침대, 앉는 가구 등 그녀가 만지는 모든 것이 부정해졌다. 상황은 점점 더 심각해진다. "이런 것을 만지는 자는 무릇 부정한즉 옷을 빨고 물로 몸을 씻을 것이며 저녁까지 부정할 것이요"(레 15:27). 그녀를 만지거나 그녀의 손이 닿은 물건을 만진 모든 사람들이 부정했다. 그들은 의식적인 정결함을 되찾기 위해 자기 몸을 씻어야 했다.

아마 그녀는 독신이었을 것이다. 계속 부정한 아내와 함께 살 남편은 없을 테니 말이다. "'피의 유출'은 사실상 종교적 활동은 물론, 집을 떠날 수도 없고, 남편과의 성관계나 어떤 일반적인 사회적 접촉도 할 수 없음을 의미했다. 실제로 이 여자는 12년 동안 사회에서 배척을 받았다."[2] 또한 그 당시에는 불치병의 원인들에 대한 많은 미신적인 생각들이 존재했다. 즉, 그것은 과거에 범한 죄, 악한 영들, 나쁜 부모나 나쁜 유전자들 때문이라고 간주되었다. 당연히 그녀는 재수 없는 존재로 여겨졌고, 집 밖을 거의 나서지 않았다. 그녀는 마치 문둥이가 된 듯한 느낌이었을 것이다. 아니면 에이즈가 처음 발견되어 일상적인 접촉으로도 전염될 수 있다고 생각하던 때의 에이즈 환자와도 비슷했을 것이다. 틀림없이 그 시대의 부인과 의사들은 그녀의 돈은 달갑게 받았으나 매우 당혹스러웠을 것이다.

마가복음에서 우리는 고의적으로 비꼬는 듯한 표현을 발

---

2. Bonnie Thurston, Women in the New Testament(New York: The Crossroad Publishing Co., 1998), 71.

견한다. "많은 의원에게 많은 괴로움을 받았고 있던 것도 다 허비하였으되 아무 효험이 없고 도리어 더 중하여졌던 차에"(5:26). 마가는 모든 의사들이 그녀의 고통을 가중시켰을 뿐이라고 강조한다. 그것은 의사들이 그녀의 병을 제대로 다루지 못했음을 암시한다. 우리는 고대의 치료법이 어땠을지 상상할 수 없다.

본문 내용으로 짐작해보건대, 그녀는 여러 번 의사들의 전문적인 농담에 당혹감을 느꼈거나 그들의 저속한 빈정거림에 수치심을 느꼈을지도 모른다. 그녀의 돈이 다 떨어졌을 때, 희망도 바닥났다. 아무도 그녀를 고용하지 않았을 텐데, 그녀가 어떻게 생계를 이어갔을지 궁금할 따름이다. 어쩌면 그녀는 매달 자선 단체에서 나오는 약간의 지원금을 받았거나, 장애인을 돕는 교회의 후원금을 받았을 것이다. 어쨌든 그녀는 극도로 빈곤한 삶을 살았을 것이다.

빈혈, 불치병, 빈곤, 만질 수도 없는 불결함, 고립, 외로움, 아무도 그녀를 사랑하지 않음….

그러나 이 여자는 절대 희망을 버리지 않았다. 그녀는 자신의 병에 굴복하여 환자로 누워서만 지내는 것을 거부했다. 그녀는 계속 치료책을 찾아다녔고, 기적이 일어나기를 기도했다.

그러던 어느 날 예수님 이야기를 들었다.

그녀는 가끔씩 모자 달린 긴 옷을 입고 시장에 갔다. 조심스럽게 노점들을 둘러보던 그녀의 귀에 이 놀라운 사람에 대해 숙덕거리는 소리가 들렸다. 들어보니 그분은 평범한 랍비같지 않았다. 그분은 여자들을 곤경에 빠뜨리거나 창피를 주지 않으셨다. 또한 사람들을 악한 영들과 마귀들로부터 구원해주셨다. 성경을 상세히 설명해주시는 훌륭한 선생이었다. "온 무리가 예수를 만지려고 힘쓰니 이는 능력이 예수께로 나서 모든 사람을 낫게 함이러라"(눅 6:19).

분명히 이 사람은 잔혹한 질병과 마귀의 압제로부터 사람들을 구원함으로써 현상을 타파하려 했다. 그분은 여러 세기 동안 억압과 경건한 관습에 매여 있던 여자들을 해방시킴으로써 적을 만드는 위험을 감수하셨다. 그녀는 그분의 친절함을 이용하고자 했다.

그녀의 계획 | 예수님께 가까이 다가가는 것은 위험한 모험이었다. 많은 사람들이 지혜로운 말씀을 듣기 위해, 또는 손을 대어 치유를 받기 위해 서로 그분에게 가까이 다가가려고 밀어댈 것

이다. 그녀 생각에 예수님께서는 누가 '그 옷 가에 손을 대어도' 모르실 것 같았다(눅 8:44). 그녀가 나타남으로 소동이 일어나고, 그분 일행의 분노를 일으킬까 두려웠다. 하지만 그녀는 비록 '옷자락'이지만 과감히 그분에게 손을 대었다. 그녀가 만진 것은 유대인 남자들이 율법을 따라 입었던 옷에 달린 술을 뜻한다(신 22:12). 그 옷의 술을 만진 것은 그녀가 그것의 상징을 이해하고 있었음을 뜻한다. 그것은 곧 토라, 모세가 전한 율법을 뜻한다. 옷의 이 부분은 매우 거룩한 것으로 간주되었다.

아무도 그녀의 계획을 알지 못했다. 당시의 관습과 예법에 의하면 그녀는 남성을 동반하지 않고는 예수님께 접근할 수 없었다. 그분의 뒤로 걸어가서 그 옷의 가장자리를 만지는 것은 죄가 될 것같지 않았고, 그녀는 아마 아무도 눈치 채지 못하기를 바랐을 것이다. 그녀는 재빨리 무리 속으로 자취를 감추고 급히 집으로 와서 기적이 일어났는지 확인해보기로 계획을 세웠다.

물론 그녀의 접촉으로 예수님도 부정하게 되실 것이다. 그러나 만일 그분이 치유의 능력을 가지셨다면 자기로 인해 더럽혀진 부분도 깨끗케 할 능력이 있으실 것이라고 그녀는 생각했다. 그녀는 예수님께 드릴 것이 없었다. 어떤 감사의 표시도,

고마움을 표현하는 선물도 드릴 수가 없었다. 오직 예수님께서 그녀를 치유하실 수 있고 또 치유하실 것이라는 믿음뿐이었다.

계획이 실행에 옮겨졌다. '난 아무것도 구하지 않을 거야. 그분께 말도 걸지 않고, 그분이 나를 보지도 못하게 할 거야.… 하지만 내가 그분의 옷자락을 만지기만 해도 아마 병이 나을 거야.' 그녀는 적시적지에 있었다.

거리낌 없이 나병 환자들의 손을 잡아주고 에이즈 환자들을 껴안아준 마더 테레사(Mother Teresa)와 다이애나(Diana) 왕비를 생각해보자. 때때로 우리는 병이 옮을까봐 두려워 병들고 아파하는 사람을 위로할 기회를 그냥 지나쳐버린다.

그녀의 치유 | 그 여자가 손을 내밀어 예수님의 옷자락을 가볍게 스쳤을 때, 즉시 출혈이 멈추었다. "그의 혈루 근원이 곧 마르매"(막 5:29). 생리학적으로 그녀의 몸 안에 어떤 변화가 생긴 것이다. 그것은 너무도 분명하여 그녀가 느낄 수 있었다. 이것은 매우 중요한, 입증할 수 있는 기적이었다. 그녀는 자신을 낫게 해준 것이 그 옷 자체가 아니라 그 옷을 입은 사람이라는 것을 알았다.

잠시 당신이 12년 동안 그와 같은 병을 앓아왔다고 상상해보라. 두통, 치통, 요통, 복통, 팔 골절, 피고름이 나는 상처, 무엇이든 좋다. 그것이 그쳤을 때 당신도 알 것이다. 이 여자는 자기 병이 나은 것을 즉시 알았다. 그녀는 아마 "하나님을 찬양합니다!"라고 외치고 싶었을 것이다. 그러나 비난받을 것이 두려워, 계획대로 조용히 군중 속으로 물러났다.

그러나 예수님께서는 이 여자가 무리 속에 있다는 것을 알고 계셨다. 또한 무리가 아니라 치유를 구하는 특별한 손이 자신을 만졌다는 것을 아셨다. 그분은 자신에게서 능력이 나가 그녀를 치유하도록 허락하셨다. 예수님께서 알고 허락하지 않으셨다면 그녀는 치유받을 수 없었을 것이고, 마법처럼 그분의 힘을 훔칠 수도 없었을 것이다. 그녀의 접촉은 그분을 부정하게 만들 수 없었다. 그러나 그녀를 깨끗하게 해주었다.

예수님께서 누가 자기를 만졌느냐고 물으시자, 제자들은 참 어이없는 질문이라고 생각했다. 수많은 무리가 그 주변에 몰려 있었기 때문이다. 게다가 누가 의도적으로 만졌다 하더라도 지금쯤이면 군중 속으로 모습을 감추었을 것이다.

그러나 예수님께서는 신체적인 느낌 때문이 아니라 '능

력이 자기에게서 나간' 것을 느꼈기 때문에 누군가 자신을 만졌다는 것을 아셨다(막 5:30). 능력은 에너지 또는 힘과 같다. 킹 제임스 성경(The King James Version)은 그것을 '효능(virtue)'으로 묘사한다. 그것은 특별한 가치가 있는 어떤 것을 의미한다. 단, 예수님께서 믿음에서 우러난 그 접촉에 반응하셨을 때, 그분의 능력이 고갈된 것을 의미하는 것은 아니다.

마가가 그녀는 "많은 괴로움을 받았다"고 말할 때, '괴로움'에 해당하는 단어는 오직 여기서와 나중에 예수님 자신의 고통을 묘사할 때만 사용된다(26절, 참조-8:31, 9:12). 아마 예수님께서는 그녀에 대해 생각하실 때, 자신이 몇 달 뒤에 겪게 될 고통을 작게나마 경험하셨음을 인정하셨던 것 같다. 이사야서의 표현처럼 고난당하는 종으로서 예수님께서는 개인적으로 이 고통 받는 여자와 자신을 동일시하셨다.

그 여자는 자기가 한 일이 들통났다는 것을 알았다. "여자가 제게 이루어진 일을 알고 두려워하여 떨며 와서 그 앞에 엎드려 모든 사실을 여짜온대"(막 5:33). 그녀의 태도와 자세는 스스로 금기의 선을 넘어섰다는 것을 잘 알고 있음을 보여준다. 그러나 예수님께서는 종교적, 문화적 관습을 어겼다고 해서 그녀에게 창피를 주지 않으셨다. 게다가 공적으로 그녀에게 말씀하심으로써 랍비들이 지켜오던 사회적 금기를 깨뜨리셨다.

왜 예수님께서는 많은 대중 앞에서 그녀의 정체를 밝히셨을까?

그분은 다른 사람들 앞에서 그녀를 격려하기 위해 그녀를 앞으로 부르신 것이다. 그분은 주변 모든 사람들이 그녀의 입에서 나오는 질병, 고통, 치유 등의 이야기를 직접 듣기 원하셨다. "그분은 숨어 있는 그녀를 앞으로 나오게 하시고, 그녀를 한 인간으로서 인정해주셨다."[3]

공적인 치유, 공적인 증거.

그분은 또한 그녀의 사회적 위치를 회복시켜주시기 위해 그녀를 앞으로 부르셨다. "그녀의 병을 낫게 하신 주님께서는 이제 그녀가 사회 속에서 자신의 정체성을 되찾고 그 과정에서 하나님께 영광을 돌리도록 도와주셨다."[4] 이제 그녀가 깨끗하다는 것이 확실해졌을 것이다.

---

3. Alicia Craig Faxon, Women and Jesus(Philadelpia: The United Church Press, 1973), 51.
4. Liz Curtis Higgs, Really Bad Girls of the Bible(Colorado Springs: Waterbrook, 2000), 246.

예수님께서는 친절하고 사랑스럽게 "딸아"라고 부르셨다. 그럼으로써 그녀를 그분의 영적인 가족에 포함시키셨다. 직접 이 단어를 사용하신 것은 이때뿐이다. "딸아 네 믿음이 너를 구원하였으니 평안히 가라 네 병에서 놓여 건강할지어다"(34절). 그녀의 믿음이 그녀를 낫게 했고, 그 과정에서 그녀는 하나님의 가족이 되었다. 주변에 서 있던 사람들은 사회적으로 매우 미천한 이 여자가 그 훌륭한 교사이자 치료자에게 그런 인정을 받은 것을 보며 깜짝 놀랐다.

예수님께서는 또한 용서를 통해 그녀의 영혼도 건강하게 해주셨다. 그녀는 '평안히 가야' 했다. 그녀의 요청은 끝났고, 고통도 끝났으며, 이제 그 영혼은 편히 쉴 수 있었다. 예수님께서는 그녀의 몸과 영혼을 온전히 회복시키셨다.

우리는 집에서 건강에 초점을 맞춘 잡지나 정기 간행물들을 받아본다. 그 안에는 다이어트, 운동, 영양 보충에 대한 정보가 풍부하다. 그러나 불행히도, 영혼을 더 건강하게 만드는 법에 대해서는 아무 정보가 없다. 예수님께서는 "몸은 죽여도 영혼은 능히 죽이지 못하는 자들을 두려워하지 말고 오직 몸과 영혼을 능히 지옥에 멸하시는 자를 두려워하라"(마 10:28)고 말

쓸하실 때, 영혼과 몸의 상대적인 가치에 대해 말씀하셨다. 병 고침을 받든 못 받든, 최신 영양학적 조언을 따르든 따르지 않든 이 몸은 결국 죽을 것이다. 반면에, 영혼은 영광 가운데 있든 고통 가운데 있든 영원히 있을 것이다.

성경은 그날 일어난 두 가지 기적만을 기록한다. 틀림없이 많은 사람들이 예수님을 만졌을 것이다. 그러나 우리는 다른 누가 기적을 경험했는지 모른다. 어쩌면 그들의 욕망이나 동기가 잘못되었을 수도 있다. 어쩌면 주께서 그들을 시험하고 계셨는지도 모른다. 모든 사람의 마음을 아시는 예수님께서는 결단을 내리셨다. 이 여자는 세 가지 이유로 눈에 띄었다. 즉, 그녀는 절실했고, 치유 받기 원했으며, 믿음이 있었다. "예수님 주변에 몰려드는 것과 그분을 신뢰하는 것은 별개다."[5]

예수님께서는 그녀가 믿음으로 온전히 집중하고 있는 것을 높이 평가하셨다. 그녀는 비록 두려워했고 사람들에게 무시당했지만, 자기를 도울 수 있는 오직 한 분의 관심을 끌었다. 그녀의 병은 신체적인 출혈이었지만 오늘날 많은 여성들은 심

---

5. Warren Wiersbe, The Bible Exposition Commentary, Vol. I, Mark (Wheaton, IL: Victor Books, 1992), 127.

리적으로, 또 영적으로 피를 흘리고 있다. 가족, 친구들 그리고 영적인 조언자들이 그들을 도와주려 해보았지만, 고통은 더 심해질 뿐이었다. 그들의 상처는 치유되지 않았다. 해가 갈수록 그들의 감정적 출혈은 점점 더 심해진다. 이 사랑스런 여자처럼 그들에게도 유일한 소망은 예수님이시다.

그런데 누가복음에 나오는 이 여자처럼 간절히 구했지만 육체적인 병을 치유 받지 못한 사람들은 어떻게 된 것인가? 조니 에릭슨 타다(Joni Eareckson Tada)는 1967년 다이빙 사고로 사지가 마비되었다. 그녀는 책을 읽던 도중 신유 집회에 참석히어 치유를 받기 위해 힘쓰라는 권면을 느꼈다. 그녀가 붙든 말씀은 예수님께서 베데스다 못가에서 병자에게 주신 약속이었다. "일어나 네 자리를 들고 걸어가라"(요 5:8). 그 사람은 치유를 받았다.

그러나 그녀는 수없이 기도하고 신유 집회에 참석했음에도 불구하고 치유를 받지 못했다. 30년 후 그녀는 이스라엘을 방문해 베데스다 못을 찾아갔다. 거기서 그녀는 하나님께서 치유를 위한 자신의 기도를 들어주지 않으신 것에 감사드렸다. "하나님 감사합니다. 이 휠체어 안에서 지냈던 지난 30년 동안 그 어느 때보다도 하나님께서 가까이 계신 것을 체험했기 때문입니다."

우리 모두가 예수님께 나아갈 때 육체적으로나 감정적으로 치유를 받는 것은 아니다. 그러나 우리는 모두 도움을 받는다. 우리의 영혼이 회복되고 천국의 소망이 확실해진다. 예수님께서는 지금 고통 받는 모든 이들에게 말씀하신다. "너를 내 딸로 삼기 원한다." 그분의 가족으로 들어오라는 초대는 모두에게 주어진다.

예수님을 만난 후 변화되지 않는 사람은 아무도 없다. 여기에 그분의 약속이 있다.

"수고하고 무거운 짐 진 자들아 다 내게로 오라 내가 너희를 쉬게 하리라 나는 마음이 온유하고 겸손하니 나의 멍에를 메고 내게 배우라 그러면 너희 마음이 쉼을 얻으리니 이는 내 멍에는 쉽고 내 짐은 가벼움이라"(마 11:28-30). 예수님께서는 믿음으로 손을 내미는 자들을 위로하시고 강하게 하시며, 그들에게 예수님 자신의 임재를 확신시켜주신다.

예수님께는 군중이 없고, 다만 각자의 이름과 얼굴과 필요를 가진 개인들만 있다. 그분께는 한 사람 한 사람 모두가 특별하시다.

죽은 딸

아마 예수님께서 회복된 여자와 공적으로 대화를 나누신 또 한 가지 이유는 아직 그분 옆에 있는 야이로의 믿음을 격려하기 위해서였을 것이다. 이 회당장이 예수님께 온 것은 쉬운 일이 아니었다. 예수님께서는 회당을 점령하고 율법을 가르치던 바리새인들의 심기를 불편하게 하는 말과 행동을 많이 하셨다. 사실 그는 이 종교 지도자들에게 신성 모독자, 지하 세계의 어두운 세력과 한 패라는 비난까지 받았다.

틀림없이 야이로는 자기 딸을 위해 가장 명성 높은 의사들의 도움과 지혜를 구했을 것이다. 그는 부모로서 눈에 보이는 것이 없었다. 예수님의 능력을 목격할 수 있는 기회를 포기하느니, 차라리 동료들의 분노와 비난을 자초하는 편이 나았다. 그의 딸이 죽어가고 있었다. 다른 사람들이 어떻게 생각하는지는 중요하지 않았다.

이 이야기는 매우 극적이다. 예수님께서 병 고침을 받은 여자에게 "평안히 가라"고 말씀하시는 동안, 회당장의 집에서 사람이 와서 "당신의 딸이 죽었나이다 선생을 더 괴롭게 마소서"라고 말했다(눅 8:49).

결정적인 뉴스였다.

"예수께서 그 하는 말을 곁에서 들으시고 회당장에게 이르시되 두려워 말고 믿기만 하라 하시고"(막 5:36). 지금 야이로는 갈림길에 놓였다. 소식을 전해준 사람의 말을 믿을 것인가, 예수님의 말씀을 믿을 것인가? 그는 예수님께 나감으로써 약간의 믿음을 나타냈고, 지금 예수님께서는 "계속 믿으라"고 그를 권면하고 계셨다. 물론 그의 딸이 살아 있을 때 예수님을 믿기는 더 쉬웠다. 죽음은 결정적인 힘이 있다. 즉, 병든 아이를 건강하게 일으키는 것과 죽은 아이를 살려내는 것은 전혀 다른 것이다. 예수님께서 갑자기 끼어들어 훼방을 놓은 그 여자와 시간을 보내지 않고 좀 서두르기만 하셨어도 이렇게 되지는 않았을 것이다.

그러나 예수님에게 있어 훼방은 없다. 오직 하나님의 계획일 뿐이다. 그분은 그 여자에게 행하신 것보다 야이로에게 더 큰 기적을 행하기로 계획하셨다.

"그 하는 말을 곁에서 들으시고…"(36절).

이 말씀에는 풍부한 지혜가 담겨 있다. 우리는 때때로 우리를 미혹하는 자들의 말과 충고를 무시해야 한다. 우리가 귀 기울여 듣는 음성이 바로 우리가 가는 방향을 결정한다.

비난하는 말, 무시하는 말, 낙담시키는 말들을 '무시'하자. 성난 부모나 배우자, 친구의 말들, 부정적인 말들, 빈정거리는 말들, 힘든 상황에서 하나님을 보지 못하게 하는 믿음 없는 말들, 불신과 비난의 말들. 그런 말들은 우리의 영혼을 해치는 힘이 있다.

야이로는 자기 딸이 죽었다는 소식뿐 아니라, 애도 의식이 이미 시작되있다는 사실에 망연 자실했다. 예수님께서는 애도하는 이유를 물으신다. "너희가 어찌하여 훤화하며 우느냐 이 아이가 죽은 것이 아니라 잔다 하시니 저희가 비웃더라"(39-40절).

어째서 예수님께서는 그 아이가 실제로 죽었는데 자고 있다고 말씀하실까? 예수님께서 '잔다'라는 단어를 사용하시는 것은 일부 사람들이 생각했던 것처럼 그 영혼이 자고 있기 때문이 아니라, 그 몸이 부활할 때까지 자고 있기 때문이다. 혼이나 영은 천국에서 하나님께 가지만, 몸은 잠을 자다가 마지막 날 깨어날 것이다.

예수님께서는 나사로에 대해서도 같은 말씀을 하셨다. "우리 친구 나사로가 잠들었도다 그러나 내가 깨우러 가노라"(요 11:11). 우리는 몹시 피곤하여 정말 감사하는 마음으로 잠자리에 들 때가 있다. 우리는 원기를 회복하여 깨어날 것을 확신하기 때문에 자는 것을 두려워하지 않는다. 마찬가지로 죽을 때도 두려워할 필요가 없다. 결국 예수님의 말씀에 의해 깨어날 것이기 때문이다. 주님 앞에서 죽은 자는 부활을 기다리며 자고 있을 뿐이다.

예수님의 요점은 이 소녀가 영원히 죽은 것이 아니라는 것이었다. 그녀는 "자고 있었다." 그분은 마지막 부활의 날이 아니라 바로 '지금' 그녀를 깨우실 참이었다. 주변 사람들이 웃은 이유는 그들 가운데 서 있는 이 사람이 누구인지 몰랐기 때문이다. 예수님 앞에서 불가능이란 없다.

기적을 구경거리로 만들기 원치 않으셨던 예수님께서는 그 아이의 부모와 제자들만 방으로 데려가고 다른 사람들은 모두 밖에서 기다리라고 하셨다. 마가는 예수님께서 사용하신 본래의 표현을 잊을 수가 없었다. 그래서 그 아람어를 그대로 기록하고 그리스 독자들을 위해 말뜻을 풀어놓았다. "그 아이의 손을 잡고 가라사대 달리다굼 하시니 번역하면 곧 소녀야 내가 네게 말하노니 일어나라 하심이라 소녀가 곧 일어나서 걸으니 나이 열두 살이라 사람들이 곧 크게 놀라고 놀라거늘"(막 5:41-42).

그들이 놀란 것은 당연했다.

우리는 애도하던 자들의 절망과 예수님께서 가져다주신 희망의 대조적인 모습을 본다. 나쁜 소식을 전한 사람들은 예수님께서 너무 늦으셨다고 말했다. 그러나 예수님께서는 항상 거룩한 계획에 따라 제시간에 오신다. 상황이 얼마나 절망적이든 간에 그분은 위로와 능력의 말씀을 전하신다. 군중들이 감정이 북받쳐 울 때, 예수님께서는 침착하고 신중하셨다.

우리는 장례식장에서 관 앞에 서 있을 때, 예수님을 믿어온 가정과 그렇지 않은 가정의 차이점을 본다. 전자의 경우 눈물을 흘리는 중에도 소망이 있다. 그러나 후자의 경우는 슬피 울며 한탄할 뿐 위로가 없다. 바울이 우리에게 "소망 없는 다른 이와 같이 슬퍼하지" 말라고 한 것은 당연하다(살전 4:13). 이교도들은 초대 그리스도인들에 대해 이렇게 말했다. "그들은 마치 승리를 거둔 듯 의기양양하게 시체를 운반한다."

우리는 예수님 앞에서 담대하게 죽음을 맞이할 수 있다.

"하나님과 함께할 때 우리는 인간의 가장 큰 불행에도 용감하게 맞설 수 있다. 그들은 그의 소망이 근거가 없고 그의 평온함이 가짜라고 생각했기 때문에 그를 비웃었다."[6]

이 두 이야기는 예수님께서 우리가 가장 무서워하는 질병과 죽음을 이길 힘을 갖고 계신다는 것을 깨닫게 해준다. 우리들 대부분은 어떤 육체적 질병으로 고통을 겪고 있고, 지금 그렇지 않더라도 언젠가는 그럴 것이다. 더 확실한 것은 우리 모두 죽는다는 것이다. 휘장 저편에 무엇이 있는지 궁금해하는 것은 당연하다.

예수님께서 이 땅에 계실 때 행하신 기적들은 놀라웠다. 그러나 그것은 세상을 변화시키지 않았다. 그분이 치유하신 모든 사람들은 결국 다시 병에 걸리거나 죽었다. 이 세상을 그리고 이 세상에서의 우리의 삶을 변화시킨 것은 예수님의 죽음과 부활이다. 그것은 그분을 믿는 모든 사람들에게 영원한 생명을 보증해준다. 나사로의 무덤 앞에서 예수님께서는 말씀하셨다. "나는 부활이요 생명이니 나를 믿는 자는 죽어도 살겠고 무릇

---

6. William Barclay, The Gospel of Mark(Edinburgh: St. Andrews Press, 1955), 137.

살아서 나를 믿는 자는 영원히 죽지 아니하리니 이것을 네가 믿느냐"(요 11:25-26).

그렇다. 병 고침을 받지 못할 때도 많고, 젊은 사람이 너무 빨리 죽을 때도 있다. 우리의 기도는 응답받지 못한다. 자주 우리는 비극적인 상황에서 하나님의 목적을 확신할 수 없다. 그러나 우리가 확신할 수 있는 것이 있다. 즉, 고난과 고통은 하나님께서 우리의 주의를 집중시켜 이해할 수 없을 때에도 신뢰하는 법을 배우게 하려고 계획하신 것이다. "우리가 환난중에도 즐거워하나니 이는 환난은 인내를, 인내는 연단을, 연단은 소망을 이루는 줄 앎이로다 소망이 부끄럽게 아니함은 우리에게 주신 성령으로 말미암아 하나님의 사랑이 우리 마음에 부은바 됨이니"(롬 5:3-5).

예수님께서는 우리의 고난을 통해 질병과 죽음을 이기시고, 우리를 그분의 승리에 동참하도록 이끄신다. "나는 처음이요 나중이니 곧 산 자라 내가 전에 죽었었노라 볼지어다 이제 세세토록 살아 있어 사망과 음부의 열쇠를 가졌노니"(계 1:17-18).

아버지를 바라보며… 딸의 기도

아버지, 아버지께서 저를 특별한 사람으로서, 자기만의 이름과 구체적인 필요를 가진 사람으로서 돌보신다는 것을 기억하게 도와주소서. 하나님께서는 믿을 만한 분이시고, 말씀에 기록된 약속들을 지키실 수 있다는 확신을 주셔서 감사합니다. 몸이 아프고 마음이 괴로울 때 사랑의 하나님이 계시다는 것을 믿게 해주소서. 예수님을 만지고 치유 받은 여자의 믿음을 제게도 주소서. 예수님의 이름으로 기도합니다. 아멘.

6
예수, 간음한 여자를 사랑하시다

Jesus, Lover of a Woman's Soul

서기관들과 바리새인들이 간음중에 잡힌 여자를 끌고 와서 가운데 세우고 예수께 말하되 선생이여 이 여자가 간음하다가 현장에서 잡혔나이다 모세는 율법에 이러한 여자를 돌로 치라 명하였거니와 선생은 어떻게 말하겠나이까 저희가 이렇게 말함은 고소할 조건을 얻고자 하여 예수를 시험함이러라 예수께서 몸을 굽히사 손가락으로 땅에 쓰시니 저희가 묻기를 마지 아니하는지라 이에 일어나 가라사대 너희 중에 죄 없는 자가 먼저 돌로 치라 하시고

다시 몸을 굽히사 손가락으로 땅에 쓰시니 저희가 이 말씀을 듣고 양심의 가책을 받아 어른으로 시작하여 젊은이까지 하나씩 하나씩 나가고 오직 예수와 그 가운데 섰는 여자만 남았더라 예수께서 일어나사 여자 외에 아무도 없는 것을 보시고 이르시되 여자여 너를 고소하던 그들이 어디 있느냐 너를 정죄한 자가 없느냐 대답하되 주여 없나이다 예수께서 가라사대 나도 너를 정죄하지 아니하노니 가서 다시는 죄를 범치 말라 하시니라.

요한복음 8장 3-11절

우리의 친한 친구 샤리(Shari)는 '기독교' 가정에서 자랐는데, 그녀의 아버지는 자주 화를 내고 엄격했으며 지배적인 성격에다 욕도 자주 했다. 그녀는 그런 가정 환경에서 빨리 벗어나고 싶은 마음에 십대 후반에 결혼을 했다. 그러나 그녀의 남편은 정직하지 않고 불성실했다. 결혼 생활을 끝내고 샤리는 인생 전반에 걸쳐 참기 힘든 시련의 시간을 보냈다. 그러나 결코 하나님의 사랑과 돌보심에 대한 그녀의 믿음은 흔들리지 않았다. 그녀가 다른 사람들에게 자신의 믿음을 솔직하게 나눌 때 예수님에 대한 사랑이 분명히 드러났다. 그녀는 온화하고, 친절하며, 참을성 있고, 믿음을 실행에 옮기는 남자를 찾기 원했다. 그러나 사람들을 좋아하던 샤리는 상대방의 진짜 성격을 파악하지 못할 때가 더러 있었다.

몇 년이 지난 후, 샤리는 남서부 지방의 작은 마을에 정착했다. 그녀는 한 지방 순회 설교자와 함께 일했다. 그녀는 그의 열성적인 성격, 성경에 대한 해박한 지식 그리고 유명한 저자들의 글을 인용하는 능력에 마음이 끌렸다. 그 역시 그녀의 밝은 표정과 성경 공부 시간에 열심히 토론하는 모습에 마음이 끌렸다. 그들은 함께 시간을 보내며 다양한 성경 구절과 삶의 문제들에 대해 즐겁게 이야기를 나누었다. 샤리는 그들의 관계에 대해 기도하기 시작했다. 그는 그녀가 정말 좋아하는 타입의 남자였다. 친절하고, 사려 깊으며, 세심하고, 영적으로도 깊이가 있었다. 이 남자가 바로 그녀의 짝일까?

그러나 시간이 갈수록 미묘하게도, 그 설교자는 약간 온당치 않은 말들을 하기 시작했다. 그녀가 불쾌감을 느끼고 의문을 제기하면 그는 자기 말에 영적인 의미를 갖다 붙이곤 했다. 그럴 듯한 그의 진실과 경건함 그리고 설득력 있는 말들에 그녀는 더 이상 의심할 수 없었다. 얼마 지나자 그는 마침내 그녀에게 자기와 함께 잠으로써 사랑과 헌신을 증명해보일 것을 요구했다. 샤리는 그것이 잘못이라는 것을 알았지만 매우 혼란스러웠다. 그 남자에 대한 많은 것들이 옳게 보였고, 이미 그에게 마음을 빼앗긴 상태였다. 끊임없는 그의 설득에 그녀는 굴복하고 말았다.

즉시, 샤리는 자기가 한 일이 죄라는 것을 알았다. 그녀는 주님을 슬프시게 했고, 그 남자와의 관계를 끝내야 한다는 것을 알았다. 며칠 후, 그녀는 그 남자가 자기 말고도 몇 명의 여자들에게 똑같은 방법으로 접근했고, 그 결과도 똑같았다는 사실을 알게 되었다. 그녀는 죄책감과 불결함, 수치심을 느꼈다. 다른 목사에게 조언을 구하고, 하나님께 용서를 구하며, 친구들과 가족과의 관계를 회복하려 했다.

예수님 앞으로 이끌려간 그 여자처럼 샤리는 기만, 하나님의 용서에 대한 가슴 아픈 교훈 그리고 "가서 다시는 죄를 범치 말라"는 말의 의미를 배웠다.

간음한 여자는 자기 마음을 속인 여자다. 요한복음 8장에 나오는 여자는 아마도 그녀를 이용하고 조종한 남자에게 자신을 맡겼을 것이다. 그리고 지금 비밀이 온 천하에 드러났다. 그녀는 자신을 고소한 사람들 앞에서 수치심으로 얼굴이 달아올랐다.

우리는 그녀의 이야기를 종합해볼 수 있다. 그것은 수없이 언급되었던 이야기다. 그녀의 남편은 그녀를 학대하며 잔인하게 굴었을 것이다. 그 당시 여자는 남자의 소유물로 간주되었으므로 그녀는 빵을 태우기만 해도 이혼당할 수 있었다. 그녀는 남편의 구타와 고약한 행동을 어쩔 수 없이 참고 견뎠다.

외로움, 사랑받지 못함. 그녀는 점점 다른 남자의 품안에서 사랑과 안정을 찾을 수 있을 것이라는 생각이 들었다. 그러나 그런 행동은 모세 율법이 금하는 것이었고, 그에 따른 처벌은 이따금씩 당하는 구타보다 더 무서웠다. 간음한 자는 돌로 쳐 죽이게 되어 있었다.

그녀는 저항해보았지만 어느새 성전 안으로 끌려들어오고 있었다. 그녀의 얼굴은 붉게 상기되어 당혹스러움을 감추지 못했다. 이 사람들은 그녀를 이용해 예수님을 함정에 빠뜨려 죄를 씌울 생각밖에 없었다. 그들은 자신들의 악한 목적을 위해 이 여자의 수치스러운 죄를 폭로했다. 그들은 예수를 미워했고,

그를 몰락시키기 원했던 것이다.

예수님의 메시지와 기적들을 듣고 많은 사람들이 그분을 따랐다. 그들은 예수님이 선지자나 메시아일 거라고 생각했다. 그분의 가르침은 서기관과 바리새인들의 전통과 모순되었고, 그분이 자신에 대해 주장하는 내용은 그들 가운데 가장 지혜로운 사람도 어리둥절하게 만들었다. 이 목수 아들의 전문적인 성경 지식은 그분의 놀라운 권위에 깜짝 놀라 당황했던 종교 지도자들을 질리게 했다. 그들은 시기하여 자주 그분을 함정에 빠뜨리기 위해 교묘한 질문이나 상황을 그분에게 제시했다. 그들은 무엇보다도 주님이 체포되어 죽는 모습을 보고 싶었을 것이다.

그들은 예수님께서 성전에 계실 것을 알고 그 죄 지은 여자를 그리로 데려왔다. 예수님께서는 안뜰에 앉아 가르치고 계셨는데, 갑자기 주의가 산만해졌다. "서기관들과 바리새인들이 간음중에 잡힌 여자를 끌고 와서 가운데 세우고 예수께 말하되 선생이여 이 여자가 간음하다가 현장에서 잡혔나이다 모세는 율법에 이러한 여자를 돌로 치라 명하였거니와 선생은 어떻게 말하겠나이까 저희가 이렇게 말함은 고소할 조건을 얻고자 하여 예수를 시험함이러라"(요 8:3-6).

이 시점에서 우리는 이 이야기가 일부 신약 성경 초기 원고들에 포함되지 않았음을 말해야겠다. 그것을 요한복음에 포함시켜야 하는지의 여부는 논쟁의 여지가 있다. 그러나 거의 모든 학자들은 그 이야기가 문맥에 잘 어울리며, 예수님의 행위나 가르침과 일치한다는 사실을 인정한다. 다시 말해서, 우리는 이 사건이 원본에 포함되어 있든 그렇지 않든 실제 일어난 일임을 확신할 수 있다.

어거스틴(Augustine)은 어떤 사람들이, 혹 여자들이 그것을 핑계로 간음을 정당화할까봐 걱정되어 자신의 원고에서 이 이야기를 뺐다고 말한다. "나도 너를 정죄하지 아니하노니"라는 말씀을 죄를 허락하는 것으로 받아들일지 모른다는 걱정이었다. 그러나 은혜는 항상 오용될 위험을 감수한다. 이것은 죄를 정당화하는 것이 아니라 죄인들을 위한 희망의 메시지다.

이 이야기를 잘 살펴보면서, 예수님과 여자를 고소한 자들 간의 놀라운 차이점을 짚어보자. 예수님께서는 여자를 용서하고 돌려보내지만, 그녀를 고소한 자들은 부끄러워 슬며시 도망치듯 빠져나간다. 훌륭하지 않은가. 예수님의 자비하심과 지혜로우심을 잘 보여주는 사건이다.

그녀를 고소한 사람들

모세 율법 해석에 전문가였던 바리새인들은 예수님을 궁지에 빠뜨리기 위해 이런 소동을 일으켰다. 예수님께서 가르치고 계실 때 이 여자를 성전으로 끌고 온 것은 곧 이 여자와 예수님 둘 다에게 공개적으로 망신을 주려 했던 것이다. 그것은 예수님의 추종자들 앞에서 그분의 위신을 떨어뜨릴 완벽한 기회였다.

어쩌면 이들은 산헤드린에 속해 있었고, 그녀로 하여금 무리 앞에서 판결을 받게 하려는 의도를 품고 있었을지 모른다. 그녀를 체포한 것은 성전 경찰이 지시한 것이었을지도 모른다. 한 가지 확실한 것은, 그들이 예수님을 망신시킬 의도로 그 여자를 예수님 앞으로 데려왔다는 것이다. 예수님께서 주장하신 대로 그분에게 심판할 권한이 있다면, 이 사건을 어떻게든 처리하실 것이었다. 이것은 매우 도전적인 대결이었다.

그 곤혹스러운 상황을 생각해보라. 예수님께서는 모세 율법을 무시하든지("그녀에게 돌을 던지지 말라"고 말씀하실 경우), 아니면 로마 법(유대인은 누구든 처형할 권한이 없음)을 무시해야 했다. 또한 예수님께서 그녀에게 돌을 던지라고 단언하시면 자비롭고 동정심 많은 사람으로서의 명성을 잃게 될 것이다.

예수님께서는 진퇴 양난에 빠지셨다. 하나님의 법을 대적하든 로마법을 대적하든, 어느 쪽이든 비난을 받게 되어 있었다. 참으로 이 질문은 그분을 바보로 만들기 위한 함정이었다. "저희가 이렇게 말함은 고소할 조건을 얻고자 하여 예수를 시험함이러라"(6절).

그들은 아마 예수님께서 그녀에게 돌을 던지지 말라고 명령하시길 원했을 것이다. 그럴 경우 그분은 모세 율법을 어기는 자로 낙인찍힐 것이다. 그들은 이 여자가 어떻게 되든 관심도 없었다는 것을 명심하라. 그들은 오직 예수님을 고소할 이유를 찾기에만 급급했다. 그들이 의도한 희생자는 그 여자가 아니라 예수님이었다.

율법은 동정하고 회복시키려는 마음 자세와 결합되어야 한다는 생각이 그들 안에는 없었다. 그들은 율법을 어긴 자들이 죗값을 다 치르는 것을 보기 원했다. 그들의 태도는 용서 없는 처벌이었다. 그들은 예수님을 죽이려고 계획하고 있었고, 그것은 이 불행한 여자가 범한 죄보다 더 큰 죄였다. 그러나 이미 굳어진 마음들은 진리에는 관심이 없었고, 오로지 자신들의 의견을 개진하는 데만 몰두했다.

가장 나쁜 죄인들이 종종 가장 훌륭한 고발자들이라는 사실을 잊지 말자.

이 종교적인 단체는 자신의 의를 자랑했다. 그러나 그것은 가증스러운 의였다. 인간은 본성적으로 비열하거나 타락한 사람일수록 더욱 다른 사람을 판단하려 한다. 자신이 진실하지 못할수록 다른 사람들의 말을 의심한다. 자신이 부도덕할수록 다른 사람들의 도덕성을 의심한다. 열심히 다른 사람들을 비난하는 열정 밑에 자신의 사악함을 감추고 있는 사람들을 떠올려 보라.

많은 여성들이 길게 기도도 잘하고 성경 말씀도 잘 인용하는 남성들에게 학대를 받아 왔다. 반대로, 자신의 죄성을 잘 알고 있는 사람들은 다른 사람들을 판단하거나 학대하려 하지 않는다. 그렇다. 그들은 반드시 필요할 때만 판단하고, 그러면서도 자신을 돌아보는 무거운 마음으로 꼭 "나는 어떠한가?"라고 질문한다. 그들은 다른 사람들이 한 일을 자기도 할 수 있다는 것을 잘 안다.

여자와 수치심

그녀를 사람들 앞에 데려감으로써 치욕과 두려움을 느끼게 한 것은 이들에게 아무 의미가 없었다. 그녀는 심지어 옷을 벗은 채 사람들 앞에 나와야 했을지도 모른다. 그녀는 그들의 목적을 위해 이용하는 '물건'처럼 취급되었다. 즉, 예수님을 멸하려는 그들의 계획 속에서 인질에 불과했다. 그녀는 이 멍청한 사람들 앞에서 위축되어 그들의 사악한 눈을 똑바로 쳐다보지도 못할 때, 이 모의 재판에 대한 수치심을 느꼈다. 자비라고는 찾아볼 수가 없었다.

또한 그녀는 그 상황에서 분노를 느낄 만도 했다. 그 남자는 지금 어디 있는가? 그들은 이 여자가 간음하는 현장에서 잡혔다고 말했으므로 그 남자가 누구인지 알았을 것이다. 그들이 정말 모세의 율법을 따를 의도가 있었다면, 그 여자와 '남자를 같이' 예수님께 데려와 돌로 치게 했을 것이다.

그러므로 이 여자는 수치와 당혹감 속에서 자기를 고발한 자들을 대면했을 때, 그 모든 불공평함을 가슴에 사무치게 느꼈을 것이다. 어쩌면 자기가 그곳에 있는 진짜 이유는 그들이 예수님을 파멸하려는 데 혈안이 되어 있기 때문이라는 사실을 알았을지도 모른다.

예수님의 반응

모든 눈과 귀가 예수님께로 향했다. 그러나 예수님께서는 빨리 대답하시지 않아 주변 사람들을 놀라게 하셨다. "예수께서 몸을 굽히사 손가락으로 땅에 쓰시니."

예수님께서 무엇을 쓰셨는지에 대해서는 다양한 해석이 있다. 어떤 이들은 그분이 이 여자를 데려온 사람들의 이름을 적으셨다고 말한다. 또는 그 여자를 고소한 자들을 겨냥한 경고의 말씀을 적었다는 견해도 있다. 어떤 작가는 예수님께서 그런 질문에 관심이 없으셨기 때문에 단순히 땅에 낙서를 하고 계셨다고 말한다. 왜냐하면 그분은 심판하러 오신 것이 아니라 구원하러 오셨기 때문이다.

윌리엄 바클레이(William Barclay)는 약간 다른 가능성을 제시한다. "서기관들과 바리새인들의 곁눈질하는 음탕한 시선, 그들의 차갑고 잔인한 눈빛, 군중의 호기심어린 시선, 그 여자의 수치심, 그 모든 것이 결합하여 예수님의 마음을 고뇌와 동정심에 빠지게 하자 눈 마주침을 피하신 것인지도 모른다."[1] 우리는 이 사람들과 예수님의 극명한 차이점을 보게 된다. 그들은 거룩하지 못한 흥분으로 가득하여 고소에 열중해 있었고, 예수님을 함정에 빠뜨리려고 안달이었다. 반면에 예수님께서는 침착하게 마음을 가라앉히셨고, 비난하기보다는 동정하는 마음이 가득하셨다.

예수님께서 뭐라고 쓰셨는지는 알 수 없으나, 이 행위가 그 사건의 극적인 효과를 더해준 것은 확실하다. 그분이 빨리 대답하지 않고 시간을 끄셨기 때문에, 틀림없이 주변에 있던 모든 사람들이 숨을 죽이고 예수님의 말씀을 기다렸을 것이다. 그것은 또한 독선적인 그들이 알아야 할 사실을 분명히 전달할 기회를 주었다. 즉, 그들의 죄가 그녀의 죄보다 더 크다는 사실이었다.

돌로 치라

어색하고 긴장된 분위기가 감돌았다. 마음이 급해진 사람들은 흥분하여 계속 질문을 던졌다. 아마 이렇게 물었을 것이

---

1. William Barclay, The Gospel of John, Vol.2(Edinburgh: St. Andrews Press, 1955), 3.

다. "말을 좀 해보시오. 당신은 이 사건에 대해 모세의 율법을 지지합니까, 아니면 로마 법에 동의합니까?" 그들은 자기들이 예수님을 궁지에 몰아넣었다고 생각했다. 여기서 빠져나갈 길은 없었다. 그리고 만약 예수님께서 아무 대답도 하지 않으신다면 겁쟁이로 낙인찍힐 것이다. 그러나 예수님께서는 빨리 대답하지 않으셨다. "종종 거룩한 침묵에는 그 어떤 유창한 말에도 없는 힘이 있다."[2]

마침내 예수님께서 일어나 말씀하셨다. 그분의 날카로운 시선은 그들의 마음을 꿰뚫어보았다. "너희 중에 죄 없는 자가 먼저 돌로 치라." 그분은 모세의 율법을 어기지 않으셨다. 사실 그분은 그들에게 그녀를 돌로 치라고 명령하셨다. 단 한 가지 조건은 제일 먼저 돌을 던질 자는 행위로나 생각으로나 그와 '같은 죄'를 짓지 않은 사람이어야 한다는 것이었다. 정말 명답이었다. 오직 예수님만이 하실 수 있는 답이었다.

이렇게 말씀하심으로써 예수님께서는 사형 죄를 고발한 사람들에게 돌을 던지게 한 율법을 인용하셨다(신 17:7). 또한 판

---

2. David Thomas, Gospel of John(Grand Rapids: Kregel Publications, 1980), 219.

결을 내릴 권리가 있는 사람은 오직 그 자신이 동일한 죄를 범하지 않은 사람임을 암시하셨다. 그들은 예수님을 잡기 위해 놓은 덫에 스스로 걸리고 말았다.

예수님께서는 말씀으로 그들의 정곡을 찌르시고는 다시 몸을 굽히사 손가락으로 땅에 무언가를 쓰셨다. 스스로 의롭다 생각하여 제대로 보지 못하던 이들은 그 순간 양심의 가책을 받았다. "저희가 이 말씀을 듣고 양심의 가책을 받아 어른으로 시작하여 젊은이까지 하나씩 하나씩 나가고 오직 예수와 그 가운데 섰는 여자만 남았더라"(9절). 예수님께서 이 여자에게 돌을 던지려 하던 사람들에게 그들 자신이 결백해야 한다고 말씀하시자, 모두가 자신의 부도덕함을 깨닫게 된 것이다.

젊은이들은 나이 든 사람들이 고개를 숙이고 나가는 것을 보고, 자신들도 그토록 열심히 모은 돌들을 던질 수 없다는 것을 깨닫고 따라나가기로 했다. 우리는 가장 나이 많은 사람부터 가장 젊은 사람까지 한 사람씩 서둘러 그 자리를 떠나 결국 모두 가버린 광경을 그려볼 수 있다. 이 이야기는 보통 '예수님과 간음한 여자'라는 제목이 붙지만, 사실은 '예수님과 간음한 남자들'이라고 할 수도 있다.

그들은 졌기 때문에 떠났다. 예수님을 매도할 만한 대답을 이끌어내지 못한 것이다. 그리고 잠시나마 자신의 죄를 깨달았다. 양심에 가책을 받은 그들은 더 이상 자신들을 너무나 잘 아는 예수님과 이 여자 앞에 서 있을 수가 없었다. 만일 그들이 자신의 마음 가운데 드러난 위선을 회개했더라면, 이때가 그들에게 구원의 순간이 될 수도 있었다.

그러나 그들의 마음은 자신들이 던지려 했던 돌들만큼 단단히 굳어 있었다.

예수님과 여자

이 사건이 벌어질 때 주변에는 군중들이 빙 둘러서 있었다. 헬라어 본문은 사람들이 떠난 후, 그 여자가 '그 가운데' 예수님 앞에 서 있었다고 말한다. 이것은 이 극적인 사건을 보고 있던 다른 사람들이 결말을 보기 위해 기다리고 있었음을 뜻한다. 많은 사람들이 예수님과 그 여자 사이의 다음 대화를 엿들었을 것이다.

"여자여 너를 고소하던 그들이 어디 있느냐 너를 정죄

한 자가 없느냐?"

"주여 없나이다."

물론 예수님께서는 그녀를 고소한 자들이 잠잠해진 것을 아셨다. 그러나 그녀에게 돌을 던질 권리와 능력을 가진 종교 지도자들이 더 이상 그녀를 정죄하지 않는다는 사실을 확인시켜주기 원하셨다. 즉, 그녀가 그들을 두려워할 필요가 없다는 것을 알려주기 원하셨다. 또한 예수님께서 그녀에게 절실히 필요한 용서를 주실 수 있는 위치에 있다는 것을 알리기 원하셨다.

"나도 너를 정죄하지 아니하노니 가서 다시는 죄를 범치 말라 하시니라"(요 8:11).

이것은 그녀가 지금까지 들은 말 가운데 가장 행복한 말이었다. 평범한 사람도 아닌 예수님, 곧 주님께서 그녀의 마음에서 죄책감을 거두어가신 것이다. 그녀가 회개한다면, 그분은 그녀를 천국에 합당한 자로 여기실 것이다. 예수님께 그녀는 물건이 아니라 정말 중요한 사람이었다. 이 세상에서도 중요하고, 무엇보다도 천국에서 정말 중요했다. 그녀를 고소한 자들은 "권력을 행사하여 정죄하는 스릴을 알았고, 예수님께서는 권력을 행사하여 용서하는 스릴을 아셨다."[3] 그녀는 자기가 말씀으로 용서하고 정결케 하는 권세를 가진 분 앞에 있다는 것을 알았다.

예수님께서는 그녀의 행위를 옳다고 인정하지 않으셨다. 그분은 그녀의 죄가 얼마나 무거운지 알고 계셨다. 도덕적으로 그녀는 정죄받아야 마땅하지만, 재판관이신 예수님께서 그녀를 자유케 하셨다. 그녀의 양심은 깨끗해졌고, 하나님과의 관계가 형성되었다. "그분은 육신을 돌로 쳐죽이려고 오신 것이 아니라, 영혼을 구원하여 살리기 위해 오셨다."[4]

"가서 다시는 죄를 범치 말라"는 주의 말씀은 과거는 뒤로하고 앞으로는 다르게 살아야 한다는 뜻이다. "과거는 이미 지나갔다. 과거는 잊어버리고, 미덕으로 미래를 장식하라."[5] 그녀는 얼굴에 천국의 빛을 담고 성전을 떠났다. 예수님께서는 은혜로운 용서가 우리에게 선한 삶을 살도록 동기를 부여한다는

---

3. Barclay, The Gospel of John, 9.
4. Thomas, The Gospel of John, 220.
5. 같은 책.

것을 아셨다.

두 번째 기회를 주시는 하나님

이 여자의 이야기는 여기서 끝나지 않았다. 우리는 그녀가 남은 인생을 어떻게 살았는지 모른다. 그러나 우리가 아는 것은, 그녀가 두 번째 기회를 선물로 받았다는 것이다.

예수님께서는 십자가로 가는 길이었기 때문에 그녀에게 용서를 베푸실 수 있었다. 즉, 그분은 곧 죄인들을 위해 죽으실 것이고, 이 여자도 그 가운데 포함되었던 것이다. 거기서 우리처럼 그녀의 수치심도 깨끗이 없어질 것이다. "믿음의 주요 또 온전케 하시는 이인 예수를 바라보자 저는 그 앞에 있는 즐거움을 위하여 십자가를 참으사 부끄러움을 개의치 아니하시더니 하나님 보좌 우편에 앉으셨느니라"(히 12:2). 예수님께서는 '부끄러움을 참으셔서', 우리로 죄의 더러움과 그 힘에서 벗어나게 하셨다. 그 누구도 율법을 정하시고 우주를 심판하시는 분이 용서하신 과거에 얽매일 필요가 없다.

망신과 굴욕을 당한 많은 여성들이 오직 그리스도만은 자기 편이라는 것을 알게 되었다. 친구는 떠난다. 애인도 그녀를 버리고 가버린다.

쓸쓸함, 오명, 버림받음.

고소자들은 그녀를 욕하며 교회 안에까지 끌고 갔다. 그러나 예수님 앞에서 그녀는 경청하는 귀, 자비로운 마음 그리고 용서를 발견한다.

예수님께서는 우리를 고소하는 자들의 말에 귀 기울이지 않으신다. 그분은 이미 우리의 죄를 알고 계시며, 우리가 자발적으로 그분 앞에 나아오기를 기다리고 계신다. 사랑과 연민으로 오래전에 했던 것과 동일한 말씀을 하신다. "나도 너를 정죄하지 아니하노니." 용서받지 못할 만큼 큰 죄는 없다. 그분은 지금도 똑같은 권위로 "가서 다시는 죄를 범치 말라"는 말씀으로 우리를 자유케 하사 다시 시작할 수 있게 해주신다. 다른 누구도 우리에게 그런 도움과 소망을 줄 수 없다.

이것을 위해

나는 나의 죄를 태워버릴

불을 찾아다녔다.

나의 비열한 행위를 씻어줄

홍수를 찾아다녔다.

나의 부정을 근절시킬

칼을 찾아다녔다.

나의 영을 자유케 해줄

죽음을 찾아다녔다.

나의 부끄러움은 나의 영광이 아니라

나의 올가미다.

죄의 힘이 나를 꽉 붙잡고 있어

나를 놓아주지 않을 것이다.

그러나 지금 나는 나의 추구가 헛되고

완전히 무익한 일임을 알게 되었다.

나의 온 존재를 덮고 있는 더러운 얼룩을

지우려고 했기 때문이다.

이 사실을 알고도

어떻게 사랑을 바랄 수 있겠는가?

내 죄의 악취가 매우 심하고 불쾌하며

나는 비천한 자 가운데 가장 비천한 자다.

그러나 깊이 생각해보니,

내가 나의 부끄러움을 더하고 있다.

나는 불과 홍수, 칼을 발견하지 못했기 때문이다.

그것은 명백하지 않은가?

나의 빚을 없애기 위해

지불한 값을 잊었는가?

내가 받은 은혜를

어떻게 잊을 수 있는가?

십자가 위에서 내 죄가 불에 탔고,

나의 허물이 바다로 다 씻겨 내려갔다.

나의 악한 마음은 새로워졌고,

죽음이 나를 자유케 했다.

죄를 짊어진 마음이여, 더 이상 슬퍼하지 말라.

네 구세주가 구속하셨다.

네 죄는 제거되고 정결케 되었으며,

갈보리의 보혈 아래서 씻겨졌다.

네가 절대 살 수 없는 것을

가져다주신 하나님께 소망을 두라.

너는 용서받았고, 변화되었으며, 새로워졌다.

이것을 위해 구세주께서 죽으신 것이다.

– 작자 미상

성적인 죄에 빠졌던 모든 사람들은 예수님 앞에서 용서받고 깨끗해질 수 있다. 그분은 그들 모두에게 "가서 다시는 죄를 짓지 말라"고 말씀하신다.

> "누가 능히 하나님의 택하신 자들을 송사하리요 의롭다 하신 이는 하나님이시니 누가 정죄하리요 죽으실 뿐 아니라 다시 살아나신 이는 그리스도 예수시니 그는 하나님 우편에 계신 자요 우리를 위하여 간구하시는 자시니라"(롬 8:33-34).

아버지를 바라보며… 딸의 기도

하늘에 계신 아버지, 하나님께서는 제가 아는 죄들뿐 아니라 제가 모르는 죄들도 용서하시고 깨끗하게 하셨습니다. 저는 그 죄들을 처리할 수 없고, 그것이 없어지기를 바랄 수도 없다는 것을 잘 압니다. 주께서 제 죄과를 없애주시고, 순결함과 온전함을 회복시켜 주시기를 구합니다.

주님, 의지할 데 없는 자들에게 주의 은혜를 베풀도록 도와주소서. 다른 사람들의 관심 밖에 있는 자들에게 먼저 다가가게 하시고, 더러운 과거에 대한 수치심을 안고 살아가는 자들에게 친절을 베풀게 하옵소서. 주님은 겸손하고 정직하게 주 앞에 나아오는 모든 이들에게 용서를 베푸시니, 그 용서가 필요한 자들을 제 삶 속에 보내주소서. 주의 모든 자녀들이 "나도 너를 정죄하지 아니하노니 가서 다시는 죄를 범치 말라"는 주의 음성을 듣게 하소서. 예수님의 이름으로 기도합니다. 아멘.

7
예수, 염려하며 근심하는 여자를 사랑하시다

Jesus, Lover of a Woman's Soul

저희가 길 갈 때에 예수께서 한 촌에 들어가시매 마르다라 이름하는 한 여자가 자기 집으로 영접하더라 그에게 마리아라 하는 동생이 있어 주의 발 아래 앉아 그의 말씀을 듣더니 마르다는 준비하는 일이 많아 마음이 분주한지라 예수께 나아가 가로되 주여 내 동생이 나 혼자 일하게 두는 것을 생각지 아니하시나이까 저를 명하사 나를 도와주라 하소서 주께서 대답하여 가라사대 마르다야 마르다야 네가 많은 일로 염려하고 근심하나 그러나 몇 가지만 하든지 혹 한 가지만이라도 족하니라 마리아는 이 좋은 편을 택하였으니 빼앗기지 아니하리라 하시니라.

누가복음 10장 38-42절

마리아와 마르다의 이야기는 언제나 나(레베카)를 매혹시켰다. 그러나 그것은 또한 나를 혼란스럽게 만들기도 했다. 어떻게 예수님께서 열심히 일하고 꼭 필요한 일을 하던 마르다를 꾸짖으시고, 게으른 마리아를 칭찬하실 수 있는가? 여러 해가 지난 뒤 나는 그 가르침의 참된 의미를 깨달았다. 그 동안 왜 내가 예수님의 생애에 포함된 이 이야기를 가지고 그토록 씨름해왔는지 내 이야기를 해야겠다.

내가 열한 살 때, 우리 여덟 식구는 대로변에서 약 800m 정도 떨어진 비포장도로에 위치한, 다 지어지지도 않은 건물로 이사를 갔다. 수세식 화장실도, 전화기도, 텔레비전도 없었다. 가구라고는 식탁과 의자 그리고 침대뿐이었다. 가전 제

품은 냉장고, 난로(유일한 난방 장치였다) 그리고 세탁기뿐이었다. 비가 올 때면 지붕 몇 군데서 비가 샜다. 다섯 평 남짓한 판잣집에는 벽이 하나밖에 없었다. 옷가지와 책들, 잡동사니가 담긴 상자들로 공간을 나누어 우리 '방들'을 만들었다. 이곳으로 이사를 가기 전에 우리는 여러 지역을 옮겨 다니며 어려움과 가난과 극심한 가족 간 갈등을 경험했다.

우리 아버지와 어머니는 파란만장하고 힘겨운 결혼 생활을 견뎌오셨다. 두 분은 제2차 세계대전 중에 만나 결혼하셨다(두 분 다 군대에 속해 계셨다). 너무도 다른 환경과 우울증의 아픈 기억들 때문에 두 분은 결혼 생활과 부모 역할을 감당할 준비가 잘 되어 있지 않으셨다. 분노와 후회가 두 분의 의견 대립을 더 부추겼다. 1940년대 중반부터 후반까지 아버지는 전임 사역자가 되기를 바라시며, 파트 타임으로 일하시면서 신학교에 다니셨다. 그러나 부부 갈등과 어머니의 건강 문제가 그 길을 방해했다. 어머니는 정서적으로나 육체적으로, 혼자서 여섯 자녀들과 가사를 돌보실 수가 없었다.

부모님은 이 힘든 상황을 극복하기 위해 노력하는 한편, 우리가 순종하지 않을 때 엄하게 벌을 주셨다. 조금이라도 순종하지 않는다고 생각되면 가차 없이 벌하셨다. 무자비한 말과 행동은 우리의 영과 몸에 상처를 입혔다. 나는 종종 왜 내가 이 가정에 태어났는지 그 이유가 궁금했다. 가난, 무관심, 학대는 우리 모두에게 수치심과 굴욕감을 주었다. 학교에서 나는 반 친구들과 매우 다르다고 느꼈다. 하지만 그래도 한 가지 내세울 만한 점은 내가 똑똑하여 숙제와 공부에 어려움을 겪는 친구들을 도와줄 수 있다는 것이었다.

요리와 설거지는 큰딸인 내 담당이었다. 빨래를 하고, 빨랫감을 널고, 개야 하는 일이 늘 산더미처럼 쌓여 있었다. 때로는 가축을 돌보는 일까지 해야 했다. 동생들에겐 관심과 교육 그리고 돌봄이 필요했다. 매일 밤 지쳐서 곯아떨어지는 나는 공부할 시간이 없었다. 숙제는 이른 아침에서야 할 수 있었다. 그 시간에는 아버지가 일하러 가시기 전에 셔츠를 다리기 위해 나를 깨우셨다. 그래서 때때로 운이 좋으면, 학교에 가기 전에 방해받지 않고 공부하고 숙제할 수 있는 시간이 생기곤 했다. 학교까지는 약 4킬로미터 정도를 걸어서 갔다. 가끔씩은 시간에 맞추어 큰길에 나가서 스쿨버스를 타기도 했다.

신기하게도 이런 힘든 환경에서 우리 부모님은 하나님을

사랑하셨고, 우리에게 성경 말씀을 사모하며 경외하라고 가르치셨다. 때때로 우리는 조용히 앉아 다양한 라디오 성경 강해를 들어야 했다. 성탄절에는 항상 낡은 테이프 리코더로 메시아 전곡을 들었다. 우리 가족은 작은 교회에 다녔고, 여름이면 다른 주에서 열리는 기독교 캠프에 참여하는 것을 좋아했다. 하지만 우리 가정 안에서 일어나고 있는 일들은 아무도 상상하지 못했다. 그것은 슬프고, 어둡고, 고통스러운 비밀이었다.

이 모든 것에도 불구하고 나는 하나님을 더욱 알고 싶은 갈망과 열망을 품고 자라났다. 일곱 살 때 그리스도를 구세주로 영접했고, 선교하는 간호사가 되고 싶었다. 어쨌든 나의 삶은 달라져야 한다는 것을 알았다. 열 살 때는 때때로 밤에 작은 침대에서 슬그머니 빠져나와 온수기 표시등 옆에서 성경을 읽곤 했다. 나는 하나님께서 진정으로 나를 사랑하신다는 믿음으로 힘을 얻었다. 항상 저편에는 더 좋은 것이 있으리라는 희망이 있었고, 그래서 그것을 찾기 위해 살아남아야 한다고 생각했다. 나는 정말로 하나님께서 내 인생을 향한 계획을 갖고 계신다고 믿었다.

1960년대 중반, 나는 선교하는 간호사가 되겠다는 오랜

꿈을 이룰 일념으로 신학교에 다니기 위해 집을 떠나게 되었다. 그러나 하나님께서는 나를 위해 다른 계획을 갖고 계셨다. 1969년에 졸업한 지 세 달 후, 나는 장래가 유망한 젊은 교수이자 설교자와 결혼했다. 목회자의 아내가 된다는 것을 알게 되었을 때, 나는 하나님께서 실수하셨다고 생각했다. 이것은 내가 하나님께 절대 되고 싶지 않다고 말한 것들 가운데 한 가지였다. 당신이 상상하는 것 이상으로 나는 이 역할을 맡을 준비가 되어 있지 않았다. 나는 우리 어머니가 손님들을 초대하여 대접하는 모습을 한 번도 본 적이 없었다. 우리 집에는 주방이나 거실 세간이 아예 없었다. 도자기, 은그릇, 예쁜 가구들, 또는 벽에 걸린 멋진 그림 하나 없었다. 내가 목회자의 아내로서 해야 할 일을 어떻게 알겠는가?

하나님께서는 나에게 불가능한 일을 하라고 요구하고 계셨다. 나는 부끄럽고, 겁도 나며, 교회의 다른 여자들보다 열등하다고 느꼈다. 나의 이런 배경을 아는 사람은 아무도 없었다. 하지만 하나님께서는 나에게 이런 장애물들을 극복하고 접대하는 법을 배우며, 다른 사람들에게 자비와 친절을 베풀도록 도전하셨다. 다른 사람의 집에 저녁 초대를 받을 때면 식탁을 어떻게 차리는지, 무엇을 어떻게 대접하는지 잘 기억해두었다. 교인들의 아름다운 집과 가구들을 보고 오면 위압감이 느껴졌다. 한번은 남편에게 백 달러의 여윳돈이 있어도 우리 집을 꾸미기 위해 무엇을 사야 할지 모를 거라고 말하기도 했다.

그러나 시간이 지나면서 나는 자신감을 얻기 시작했다. 하지만 마르다처럼 손님을 초대하고 대접하는 일에 대해 두려움과 걱정이 많았다. 바쁜 남편과 아직 손길이 필요한 어린 아이들, 아무도 나를 도와줄 사람이 없었다. 나는 마음이 초조했고, 종종 극심한 스트레스를 받았다. 사람들이 우리 집과 내가 차린 상에 대해 어떻게 생각할까? 어떻게 그 사람들이 나를 대접한 것처럼 우아하게 잘 대접할 수 있을까? 손님을 대접하는 사역은 하나님을 위한 일이므로 그들이 어떻게 생각하는지는 사실 중요하지 않다는 것을 알고 있었다. 하지만 여전히 신경이 쓰이고 염려가 되었다.

몇 년 동안 실력을 갈고 닦은 후, 나는 우리 집의 상태보다 내 마음 상태가 훨씬 더 중요하다는 사실을 깨닫게 되었다. 물론 둘 사이에는 상호 관계가 있고, 하나가 다른 하나에 영향을 미친다. 나는 마르다 같은 마음을 버리고 마리아처럼 되는 법, 즉 가장 먼저 예배를 드리고 예수님의 발 앞에 앉아 있는 법을 배워야 했다. 또한 그렇게 함으로써 하나님께서는 나에게 걱정과 두려움보다는 확신과 기쁨으로 다른 사람들을 초대하는 법을 가르쳐주셨다.

가장 능동적이고 성과지향적인 여성들이 동일시하는 신약 성경의 인물은 누구인가? '마르다'라고 말했다면 정답이다. 많은 여성들이 용기의 상징으로 마르다와 자신을 동일시한다. 즉, 그들은 일을 완수하는 자신을 자랑스러워한다.[1] 마사 스튜어트(Martha Stewart, 미국 마사 스튜어트 리빙 옴니미디어 회장)가 그렇게 잘 어울리는 이름을 가진 것은 틀림없이 우연의 일치일 뿐이다. 만일 모든 여자들이 마리아처럼 예수님의 발 앞에 앉아 시간을 보낸다면 요리와 집안 청소는 누가 할 것인가? 누가 아

---

1. Frank Minirth, Don Hawkins, and Roy Vogel, Just Like Us-15 Biblical Stories with Take-Away Messages You Can Use in Your Life(Jossey-Bass: A Wiley Imprint, 2004), 157.

이들을 학교에 데려다주고, 남편을 즐겁게 해주며, 부업을 계속 하겠는가? 세상을 돌아가게 만드는 것은 신비스러운 마리아들이 아니라 마르다들이다.

그러나 마리아는 당시 여자들이 전혀 하지 않았던 일을 하는 자유를 찾았다. 즉, 공적인 자리에서 랍비의 발 앞에 앉은 것이다. 놀랍게도 예수님께서는 예상과 달리 그녀가 말씀을 들을 자격이 있는지 여부에 대해서는 전혀 문제 삼지 않으셨다. 예수님께서 조성하신 편안한 분위기는 일반적인 것이 아니었다. 당시 문화에서 예수님과 마리아는 둘 다 부적절한 관계로 비판을 받았을 것이다. 예수님께서는 공공연한 자리에서 한 여자와 가까이 앉아 자유롭게 이야기를 나눈 것 때문에 비난받으셨을 것이다. 그리고 마리아는 자기 행동이 타당하고 자기는 정말 예수님께 중요한 사람이며, 그분 말씀에 집중하는 것을 예수님께서 기뻐하신다고 생각하는 뻔뻔스러움 때문에 비난받았을 것이다.

작가 돈 호킨스(Don Hawkins)는 마르다에 대해 이런 이야기를 전한다. 여자들은 자주 그에게 와서 "나는 마르다와 정말 많이 닮았어요"라고 말한다. 그러나 사실상 "나는 마리아와 정말 많이 닮았어요"라고 말하는 여자는 없다. 사실, 이 세상의 마리아들이 게으르고 집안을 잘 정돈하지 않는다는 인상이 강하게 남아 있다. 그러므로 마르다가 여성 시장을 점유하고 있는 듯하다.[2] 이 이야기가 삶에 대한 감상적인 접근을 정당화한다고 생각한다면, 또는 부지런하고 열심히 일하며 야심이 있고 자유경쟁 시장에 뛰어들기 원하는 여성들을 비판한다고 생각한다면 틀림없이 이 이야기는 무언가 잘못된 것이다.

사실, 그리스도인 사회에서 아이 키우기, 집안 꾸미기, 요리하기, 손님 대접하기 등의 가사는 최고로 중요시된다. 그리스도인 여자들은 종종 이 기준으로 자신들의 가치가 평가된다고 느낀다.

그럼에도 예수님께서는 마리아를 매우 칭찬하시고, 안달하며 일하는 마르다를 꾸짖으셨다. 때문에 우리는 이 이야기를 다른 시각으로 보며 이렇게 질문해보아야 한다. 어떻게 하면 우리는 여전히 마르다처럼 일하면서 마리아처럼 예수님께 인정받을 수 있을까? 우리는 마르다 같은 일꾼이 되느냐, 마리아 같

---

2. 같은 책.

은 예배자가 되느냐 사이에서 선택할 필요가 없다는 사실을 알게 될 것이다.

예수님께서는 예루살렘에서 3킬로미터 넘게 떨어진 감람산 동쪽 기슭에 위치한 베다니에 사는 세 친구들과의 교제를 즐기셨다. 마르다와 마리아 자매 그리고 그들의 오빠 나사로는 예수님에게 가족과 같았다. "베다니에 있는 그들의 집은 예수님께서 의혹의 시선과 끊임없는 요구들로부터 벗어나실 수 있는 몇 안 되는 곳 가운데 하나였다."[3] 그들은 예수님을 영접하고 섬겼으며, 답례로 무엇을 요구하지도 않은 평범한 사람들이었다. 예수님도 자신을 가장 잘 알고 큰 기대 없이 영접해주는 사람들로부터 힘을 얻으셔야 했다.

우리는 예수님께서 이 세 남매를 어디서 처음 만나셨는지 궁금해한다. 예수님께서 예루살렘에 계실 때 모여든 군중들 가운데 그들이 있었을까? 그냥 예수님께서 그들 집에 들러 물 한 잔을 달라 하셨거나, 쉬어 가게 해달라고 요청하셨을까? 알 수 없다. 본문에는 그런 내용이 없지만, 우리는 열두 제자들도

---

3. William Barker, Personalities Around Jesus(New Jersey: Fleming H. Revell, 1963), 107.

예수님과 함께 있었을 것이라고 추측할 수 있다. 그들은 늘 예수님과 함께 여행을 다녔기 때문이다. 그러므로 마르다는 그날 15명 내지 16명의 식사 준비를 하느라 매우 바빴을 것이다.

이야기를 읽으면서 이 두 자매가 그들의 귀한 손님을 맞이하는 다른 방식들에 초점을 맞춰보자. 아마 언니인 마르다는 살림을 맡아 하며 집안의 모든 일을 정돈했을 것이다. 그녀는 활동적이고 실제적인 사람이었던 것 같다. 반면에 마리아는 설거지보다 시 쓰는 일을 더 좋아했을 것 같다.[4] 우리는 다른 사람들이 예수님 대접하기를 꺼리거나 심지어 두려워하던 때에 예수님을 집으로 맞아들인 이 두 자매를 높이 평가한다.

나사로는 이 이야기에서는 언급되지 않지만, 그의 병과 죽음, 부활의 극적인 이야기에서 매우 두드러지게 나타난다. 이런 말씀이 있다. "예수께서 본래 마르다와 그 동생과 나사로를 사랑하시더니"(요 11:5). 나중에 예수님께서는 나사로의 무덤 앞에서 슬퍼하는 자매들을 위로하시며 눈물을 흘리셨다. 마르다와 마리아는 마치 자매들이 오빠에게 의지하듯 예수님을 의지

---

4. 같은 책.

했다.

성경에 이 가족의 이야기가 두 군데 더 나온다. 둘 다 요한복음에 있다. 모두 기억에 남는 세 장면에서 자매들은 똑같은 성격을 드러낸다. 한 사람은 매우 부지런하고 능력이 있으며, 다른 한 사람은 예수님의 발 앞에 앉아 있다.

이것은 흔히 볼 수 있는 성격 차이다. 마르다는 지배적인 인물로 집안 살림을 책임지고 있었다. 그래서 누가는 "마르다라 이름하는 한 여자가 자기 집으로 영접하더라"(눅 10:38)고 기록한 것 같다. 아마도 그녀는 그 집을 독점하지는 않았어도 거의 주도적인 위치에 있었을 것이다. 마리아는 행동하는 것보다는 그 존재 자체로 더 눈에 띄는 사람을 나타낸다.

우리는 우리 자신이 최선의 동기를 가지고 있다고 확신하며 지배권을 가지려는 경향이 있기 때문에 마리아보다는 마르다와 더 동일시하기가 쉬울 것이다. 우리는 일들이 제대로 되기를 원한다. 그리고 그렇게 만드는 확실한 방법은 단 한 가지뿐이다. 우리가 직접 그 일을 하거나 다른 사람들에게 어떻게 해야 하는지 말해주는 것이다. 마르다는 분명 지배적인 성향을 가진, 좀더 일반적인 성격의 인물인 듯하다.

나(레베카)는 여자들의 감정을 잘 이해하며, 이 덫에 걸리기가 얼마나 쉬운지 잘 안다. 나는 우리 집의 맏딸로서 가족 모두를 위한 결정들을 내리고 열심히 일할 책임이 있었다. 물론 어린 동생들에게 어떤 일을 하는 법을 가르치기보다는 내가 직접 하는 것이 더 편했다. 나는 이런 습관을 결혼 생활까지 가지고 갔고, 내가 직접 어떤 일을 하거나 아니면 남편과 딸들에게 그 일을 '제대로' 하는 법을 말해주어야 한다고 느낄 때가 많았다. 나는 뒤로 물러서서, 어떤 일을 하는 데는 한 가지 이상의 방법이 있다는 것을 인정하는 법을 배워야 했다. 우리는 이런 성격을 타고 나거나, 환경을 통해 이런 태도를 익히게 된다. 마르다가 어느 경우였든 간에, 그녀는 마리아와 함께 일하는 데 어려움이 있었다.

여기에 불공평해 보이는 또 한 가지 문제가 있다. 집과 교회에서 남자들이 '중요한 일들'에 대해 토론하는 동안 여자들은 주방에 있어야 할 때가 많다. 물론 대다수의 여자들이 남자들보다 주방 일에 능하다. 그러나 여자들도 신학에 대해 논하고 성경을 배우고 싶은 지적인 의지와 갈급한 마음이 있다. 이제는 남자들도 주방 일을 거들게 하여 식사 준비와 설거지를 더 빨리 끝내고, 우리도 '그들'과 함께 신학적인 토론과 교제를 나눌 수 있도록 해야 한다. 마르다는 아마도 마리아와 함께 예수님의 발 앞에 앉아서 시간을 보낼 수 있도록 마리아가 좀 도와주기를 원했을 것이다.

이 이야기를 읽다보면 이 두 여자의 대조점을 보게 된다. 차차 알게 되겠지만, 예수님께서는 마르다가 마리아가 되거나, 마리아가 마르다가 되기를 기대하지 않으셨다. 다만 마르다가 자신의 태도와 우선순위에 대해 깨닫도록 도와주셨다. 이 아름다운 이야기에서 각각의 인물이 어떻게 묘사되는지 그 차이점들을 살펴보자.

분주히 섬김 vs 말씀을 경청함

우리는 마음속에 그 광경을 그려볼 수 있다.

"그에게 마리아라 하는 동생이 있어 주의 발 아래 앉아 그의 말씀을 듣더니"(눅 10:39). 중동 지방의 집들은 보통 바닥에서 60센티미터 정도 높이의 커다란 소파가 벽을 따라 놓여 있었다. 종종 이 소파는 침대로도 쓰였다. 예수님께서는 아마 그곳에 편한 자세로 앉으셔서 말씀하시고 질문에 답하셨을 것이다.

마리아는 예수님의 발 앞, 양탄자나 매트 위에 앉아 그분의 말씀 하나하나에 귀를 기울이고 있었다. 마리아에게는 이 사랑하는 분을 직접 만나 하나님의 아들로서 그분을 알아가는 더없이 소중한 순간이었다. "마리아는 주의를 기울여 들음으로써 예수님의 자리가 설교단이 되고, 그녀가 앉은 예수님 발 앞 겸손한 자리는 회중석이 되며, 그 방은 여호와의 자비가 선포되는 예배당이 되도록 도왔다. 참으로 그곳은 하나님께서 직접 은혜로 죄악 된 마음에 가까이 다가오시는 성소였다."[5]

    예수님의 말씀에는 사람의 마음을 끌어당기는 힘이 있어 마리아는 저항할 수가 없었다. 그분은 큰소리로 외치실 필요가 없었다. 그분의 작은 속삭임은 공적인 발표보다 더 흥미를 자아냈다. 마리아는 태양을 향해 활짝 핀 백합처럼 경청했다. 그녀는 예수님의 마음을 알았고, 그분이 정성껏 차린 음식보다 이 교제를 더 원하신다는 것을 알았다. 이번 방문에는 최대한 잘 차려내기보다는 간단한 식사를 하는 편이 더 나았다. 지금은 일보다 예배가 더 중요하고, 그분 앞에 앉아 있는 것이 섬기는

---

5. Richard C. Lenski, The Interpretation of St. Luke's Gospel(Minneapolis: Augsburg Publishing House, 1946), 612.

것보다 더 중요한 때였다.

마르다는 섬김에 대한 과도한 부담감이 있었다. 그녀는 곧 시작될 식사를 아주 훌륭하지는 않더라도 적절하게 준비하고 있었다. 그녀 또한 그들의 귀한 손님을 사랑했다. 하지만 그녀에게는 도움이 필요했고, 그래서 현실 파악도 못하고 앉아서 예수님과 교제만 하고 있는 동생에게 화가 났다. 아직도 해야 할 일들이 많았기 때문에 그녀는 속으로 애가 탔다.

마르다도 예수님을 사랑했다는 사실을 명심하라. 그녀는 예수님을 깊이 사랑했고, 동생 옆에 앉아 예수님의 은혜로운 말씀을 듣고 싶은 마음이 간절했다. 하지만 그녀 생각에는, 먼저 해야 할 일들을 마쳐놓아야 했다. 어서 식사를 준비해서 대접해야 했다. 먼저 이 일들을 처리한 다음, 예수님과 함께 시간을 보내는 것이 옳다고 생각했다.

마리아는 언니의 긴장된 태도를 눈치 채지 못한 것 같았다. 마르다는 그 옆을 지날 때마다 마리아가 식사 준비를 거들어야 한다는 것을 알아차리길 바랐다. 마리아가 전혀 알아차리지 못하자, 마르다는 화가 나서 안달하며 말했다. "주여 내 동생이 나 혼자 일하게 두는 것을 생각지 아니하시나이까 저를 명하사 나를 도와주라 하소서"(40절).

마르다는 무례하게 말하지 않았다. 어쨌든 그녀는 예수님을 '주'라고 불렀다. 단지 명백한 사실을 지적했을 뿐이다. 그녀는 혼자 일하고 있었고, 여동생이 자기를 거들기 바라는 것은 비합리적인 요구가 아니었다. 그녀는 마리아가 그 일을 분담해주길 원했다. 가사도 예수님과의 교제도 분담하는 것이 마땅하다. 따라서 그녀는 예수님께 왜 자기를 도와주지 않는 마리아를 그냥 내버려두시냐고 불평했다. 마리아가 그녀의 바람을 그냥 무시하고 있다는 것을 알기에, 동생에게 직접 이야기하지 않았다. 예수님께서 마리아에게 도와주라고 명하시면 마리아가 즉시 벌떡 일어설 거라 생각했다.

그 요구가 아무리 합당해 보일지라도 우리가 깜짝 놀랄 만한 사실이 있다. 여기서 마르다는 예수님, 주님, 전능하신 분에게 충고를 하고 있는 것이다. 또한 마르다가 예수님을 바로잡으려 한 것은 이번만이 아니었다. 나사로의 무덤 앞에서 예수님께서 "돌을 옮겨 놓으라"고 하시자 마르다가 이의를 제기한다. "주여 죽은 지가 나흘이 되었으매 벌써 냄새가 나나이다"(요 11:39). 그녀는 시체의 부패 과정을 주님께 설명해야 할 필요성을 느낀다. 그러나 그녀의 이러한 모습은 기도할 때 너무 많은 요구를 하며, 종종 하나님께서 왜 응답해주셔야만 하는지, 우리가 어떻게 응답이 오기를 기대하는지 설명하는 우리 자신의 모습을 보여준다. 그녀는 예수님께 부가 정보가 필요하다고 믿은 최초의 사람도 아니고 마지막 사람도 아니다.

마르다는 일 중심적인 사람이었다. 그녀는 무엇을 해야 하는지 알았고, 최선을 다해 그 일을 해냈다. 그녀는 목적에 의해 움직였다. 즉, 때에 맞는 음식을 준비할 필요성에 의해 움직였던 것이다. 이것 자체는 나쁜 것이 아니다. 그러나 누군가 말했듯이, 그런 사람들은 '존재하는 인간(human being)'보다 '일하는 인간(human doing)'이 될 위험이 있다.[6] 그녀는 단지 "난 지금 신경 쇠약증에 걸렸어요.… 나에게 그 일을 하지 말라고 말하지 마세요. 난 그 일을 할 자격이 있어요"라고 말하는 유형이었을지 모른다.

그러나 마르다는 예수님의 대답에 깜짝 놀랐다. 그녀는 예수님께서 자기 말에 동의하실 줄 알았다. 예수님께서는 마리

---

6. Minirth, Hawkins, and Vogel, Just Like Us, 161.

아를 꾸짖는 대신, 아니면 적어도 언니를 도우라고 권하는 대신 화살을 마르다에게 돌리셨다. 그분은 마르다가 일하는 것을 나무란 것이 아니라, 그녀의 마음이 더 중요한 것에서 빗나가게 놔둔 것을 책망하셨다. 일에 집중한 마음이 그녀 자신을 속인 것이다. 놀랍게도 예수님께서는 마리아가 마르다보다 더 나은 것을 우선순위로 삼았다고 지적하셨다.

때로는 시중드는 것보다 가만히 앉아 있는 것이 더 좋다. 여기서 예수님께서 가르치시는 원리를 정말로 이해할 때 우리의 염려, 분노, 괴로움을 고백할 수 있게 된다. 우리와 하나님과의 교제는 '꼭 필요한 일'이다. 하나님과의 교제가 없으면 우리의 삶에는 만족함이 있을 수 없다. "우리가 많은 것을 가질지라도 반드시 가져야 하는 것이 한 가지 있다. 유용하고 중요한 것들이 많이 있지만, 정말 반드시 필요한 것은 오직 한 가지다."[7]

많은 일들 vs 한 가지 일

예수님께서는 마르다가 너무 많은 일을 도맡아 해온 것

---

7. Barker, Personalities Around Jesus, 109.

을 알고 계셨다. 하지만 마리아에게 어서 일어나 힘들어하는 언니를 도와주라고 명하지 않으셨다. 오히려 그분은 이렇게 말씀하셨다. "마르다야 마르다야 네가 많은 일로 염려하고 근심하나 그러나 몇 가지만 하든지 혹 한 가지만이라도 족하니라 마리아는 이 좋은 편을 택하였으니 빼앗기지 아니하리라"(눅 10:41-42절). 그분은 마르다의 이름을 두 번 부르셨다. 그것은 특별한 사랑을 나타낸다. 예수님께서는 마르다의 마음에 부드럽게 다가가셨다. 그녀의 마음이 산란하며, 가사와 동생이 택한 특별한 기회 사이에서 갈등하고 있는 것을 지적하셨다.

'염려' 또는 '근심'에 해당하는 헬라어는 마음이 흐트러지거나 나뉘는 것을 뜻한다. 마르다는 자기가 해야 할 모든 일들에 압도되어 있었다. 즉, 그녀의 마음속에서 관심사가 여럿으로 나뉘어 서로 싸우고 있었다. 예수님께서는 걱정의 위험성을 지적하시기 위해 마태복음 6장 19-34절에서 '염려'란 단어를 다섯 번이나 사용하셨다. "그러므로 염려하여 이르기를 무엇을 먹을까 무엇을 마실까 무엇을 입을까 하지 말라 이는 다 이방인들이 구하는 것이라 너희 천부께서 이 모든 것이 너희에게 있어야 할 줄을 아시느니라 너희는 먼저 그의 나라와 그의 의를 구하라 그리하면 이 모든 것을 너희에게 더하시리라"(마 6:31-33). 마르다는 그녀의 일에만 몰두하여 더 중요한 다른 문제들이 있다는 것을 잊고 있었다.

    그녀는 그때 분명히 필요하지 않은 많은 일들에 지나치게 신경을 쓰고 있었다. 상차림과 장식 등에 너무 많은 시간과 에너지를 소비했다. 예수님께서는 음식을 만들고 상을 차리는 일이 불필요하다고 말씀하시지 않는다. 다만 인생의 사소한 일들에 지나치게 신경 쓰지 말라고 말씀하실 뿐이다.[8] 마르다가 한 일은 잘못이 아니었다. 그녀의 잘못은 단지 예수님께 중요한 일을 '소홀히' 했다는 점이다. 그녀의 우선순위는 그녀 앞에 놓인 기회와 조화를 이루지 못했다. 어쩌면(추측일 뿐이지만) 손님 접대에 대한 마르다의 지나친 열심은 예수님을 위한 것이라기보다는 자신을 위한 것, 즉 나중에 칭찬을 받기 위한 것이 아니었을까?

    열린 마음으로 예수님의 음성을 듣는 것이 어떤 일이나 희생, 또는 고난보다 더 낫다. 어떤 이유로든, 예를 들어 그 말씀이 얼마나 절박하든 또는 중요하든 간에 예수님의 말씀을 들

---

8. 같은 책.

지 않는 것은 예수님께서 정말 바라시는 교제를 차단하는 것이다. "너무나 많은 사람들이 마르다처럼 부산스럽고, 다른 사람의 흠을 잡으며, 불끈 화를 내고 염려하는 모습을 보인다. 일을 하나님의 대용품으로 삼으려고 헛되이 노력하는 때가 너무 많다. 바쁜 것은 하나님을 의지하지 않고 섬기지 않는 핑곗거리가 될 수 없다."[9]

예수님을 '섬기려는' 열심이 앞선 마르다는 예수님을 '알게' 될 기회를 거의 놓쳐버렸다.[10] 어쩌면 마리아는 이미 식사 준비를 도왔을지도 모른다. 그리고 그날 저녁의 가장 중요한 일은 예수님과 함께 보내는 시간이라는 것을 그녀는 알고 있었을 것이다.

세상을 변화시킨 사람들은 늘 한 가지에 초점을 두었다. 그들은 다른 일들에 마음을 빼앗기지 않았다. 사도 바울이 '오직 한 일'을 한다고 말한 것처럼, 19세기의 위대한 복음 전도자인 드와이트 무디(Dwight L. Moody)는 "나는 오직 한 일을 하

---

9. Joanna Weaver, Having a Mary Heart in a Martha World(Colorado Springs: Waterbrook, 2002), 9.
10. J. Hastings, ed., The Great Texts of the Bible : Luke(Edinburgh: T&T Clark, 1952), 230.

며… 이 마흔 가지 일들에 손을 대지 않습니다"라고 말하기를 좋아했다. 우리는 한 가지 큰 목적에 몰두하는 보통 사람의 능력을 과대 평가할 수 없다.

17세기의 작가 헨리 스쿠걸(Henly Scougal)은 말하기를, 우리 영혼은 "자신에게 싫증이 나서 모든 타당성을 부인하고, 창조주께 자신을 맡기며… 내적인 감각으로 '내가 가장 사랑하는 이가 나의 것이다'라고 말할 수 있을 때까지" 진정한 기쁨과 즐거움을 알 수 없다고 했다.[11] 사실 그는 우리가 사랑하는 대상이 진정 하나님이시라면, 우리의 행복을 나누어야 그 행복이 작아지지 않는다고 말한다.

> 예수님, 당신은 사랑하는 마음들의 기쁨,
> 당신은 생명 샘, 인간들의 빛이니이다.
> 세상이 주는 가장 큰 행복으로도
> 만족하지 못하는 우리는 다시 주께 향하나이다.
> – 클레르보의 베르나르(Bernard of Clairvaux)

---

11. Henry Scougal, The Life of God in the Soul of Man(Harrisonburg, VA: Sprinkle Publications, 1986), 72.

우리가 하나님으로 인해 행복해질 때, 하나님께서는 우리를 변화시키시고 우리의 우선순위가 올바로 세워지도록 도와주신다.

마르다는 때로 좋은 것이 가장 좋은 것의 적이 된다는 사실을 배웠다.

일시적인 것 vs 영원한 것

우선순위의 문제는 마르다에게 중요한 것이었다.

어떤 사람은 그 집에서 두 가지 연회가 열리고 있었다고 말했다. 즉, 마리아는 육신의 음식을 즐기려 했고, 마리아는 영적인 것을 즐기고 있었다. 마리아가 이 세상에서 시작한 그 한 가지 일은 천국에서도 계속될 일이다. "세상은 이룬 업적을 보고 박수갈채를 보내지만, 하나님께서는 교제를 원하신다. 세상은 '더 많이 해라! 너의 능력을 모두 발휘해라!'고 외친다. 그러나 우리 아버지는 '가만히 있어 내가 하나님 됨을 알지어다'라고 조용히 말씀하신다."[12]

---

12. Weaver, Having a Mary Heart in a Martha World, 9.

그 후로 마리아는 예수님의 발 앞에 앉아 있던 그 소중한 순간들을 평생 마음속에 간직했을 것이다. 그녀는 예수님의 사랑스러운 얼굴을 들여다보았고, 어떤 음식도 줄 수 없는 영광스러운 교제를 누렸다. 나중에 예수님께서는 세상 죄를 위해 자신을 내어주셨고, 마르다와 마리아 둘 다 이 은혜로운 희생으로 혜택을 받았다. 그러나 중요한 것은, 마리아는 예수님께서 방문하셨을 때 어렴풋이나마 그 영원한 것을 보았다는 것이다. 아마도 마르다는 그 유일한 기회를 놓쳤을 것이다.

염려하고 근심하는 마음을 치료하는 방법은 예수님과 그분의 약속들에 초점을 맞추는 것, 즉 없어서는 안 될 한 가지에 마음을 집중하는 것이다. 마르다는 마음이 나뉘어서 불안하고 초조했다. 반면에 마리아는 오로지 한 가지에 초점을 둠으로써 영혼의 안정을 찾은 것이다.

예수님께서는 마르다가 그분의 말씀을 듣고 있던 마리아를 데려가도록 허락하지 않으셨다. 마르다와 함께 많은 다른 일들에 마리아의 관심이 분산되지 않도록 하셨다.

오히려 예수님께서는 마르다에게 동생과 함께 그분의 발 앞에 앉아 '좋은 편'을 택하도록 권하셨다. 집안을 꾸밀 시간, 식사를 준비할 시간, 대접할 시간, 먹을 시간은 항상 있을 것이다. 그러나 예수님께서는 마르다에게 영혼을 만족시키는 교제를 누리도록 권하셨다. 그분은 그날 그것을 주시기 위해 그곳에 오셨던 것이다.

그 둘이 예수님의 발 앞에 앉아 그것을 누림으로 그분의 마음을 흡족하게 하는 장면을 그려보자. "볼지어다 내가 문 밖에 서서 두드리노니 누구든지 내 음성을 듣고 문을 열면 내가 그에게로 들어가 그로 더불어 먹고 그는 나로 더불어 먹으리라"(계 3:20). 예수님께서 간절히 바라신 것은 사랑하는 자들과 친밀한 마음의 교제를 나누는 것이었다. 마르다는 마음을 분산시켜 주님과 친밀한 교제를 누리지 못하게 하는 것들을 버려야 했다.

그러나 아직도 우리에게 문제가 남아 있다. 예수님께서는 이 세상의 모든 마르다들이 마리아가 되기를 원하시는가? 어떻게 묵상하는 자와 행동하는 자, 듣는 자와 말하는 자, 앉아 있는 자와 섬기는 자의 균형을 이룰 것인가? 답은 예수님의 말씀 안에 있다. "한 가지만이라도 족하니라." 그 말의 의미를 생각해보자.

균형 잡기

우리는 마르다가 될지 마리아가 될지 선택해야 하는가? 만일 우리가 가장 좋은 것을 택한다면 그것은 한 여자(또는 한 남자)로서 근면하고, 창조적이며, 생산적이고, 다른 사람들을 후히 대접할 수 없다는 뜻인가? '좋은 편'이란 우리가 인생을 오직 책만 읽고, 묵상하며, 예배드리고, 기도하면서 보낼 수 있다는 뜻인가?

아니다. 물론 그렇지 않다. 마리아는 이것이 매우 드문 기회라는 것을 알았고, 그 기회를 잡기로 했다. 어쨌든 그녀는 예수님께서 십자가를 향해 가고 계시며, 곧 그들과 함께 계시지 않을 것이라는 사실을 이해하고 있었다. 그녀는 가능한 한 모든 순간을 그분 앞에서 보내며, 그분의 말씀을 듣고 그분의 발 앞에서 경배하기 원했다. 그녀는 분명히 지금은 예수님께 거창한 음식을 대접할 때가 아니라는 것을 알았다. 이번에는 가벼운 식사를 대접하는 것이 더 적합했을 것이다. 이 세상의 마르다들은 더할 나위 없는 열성과 철저함으로 지나치게 많이 준비하고, 지나치게 계획을 세우며, 지나치게 일을 하는 경향이 있다.

물론 마르다는 좋은 교훈을 배웠다. 나중에 그녀는 예수님과 열두 제자들, 다른 손님들 그리고 그녀의 오빠와 동생까지 거의 20명에 가까운 사람들을 위해 잔치를 준비했는데, 그때는 불평하지도 않았고, 예수님께서도 그녀의 우선순위가 잘못되었다고 꾸짖지 않으셨다. "거기서 예수를 위하여 잔치할새 마르다는 일을 보고 나사로는 예수와 함께 앉은 자 중에 있더라"(요 12:1-2 참조). 여기에 이 세상의 마르다들이 가정과 삶 자체를 위해 반드시 필요한 존재들이라는 증거가 있다.

그런데 여기서도 마리아는 그녀답게 예수님의 머리와 발에 향유를 붓고 제자들에게 낭비한다는 비난을 받는다. 예수님께서는 우리가 예배에서는 마리아를, 일에서는 마르다를 본받기 원하시는 것이 분명해 보인다. 마르다가 마리아처럼 되거나, 마리아가 마르다처럼 되기를 바라는 것은 하나님의 창조의 다양성을 부인하는 것이다. 예수님께서는 예배와 교제 시간을 갖지 않은 채 그분을 위해 일만 하려 하는 것만큼 신앙 생활에 해로운 것이 없음을 말씀하고 계신다.

우리는 올바른 우선순위를 가져야 한다는 말을 자주 듣는다. 첫째는 예수님, 둘째는 가족과 친구들, 그 다음은 우리의 소명 그리고 우리 자신은 맨 마지막이다. 이것이 해답처럼 보이지만 사실은 그렇지 않다. 우리의 삶은 이런 범주들로 나눌 수 없다. 게다가 우리가 주 40시간 내지 50시간 일하는 것만큼 성경을 읽는 데 많은 시간을 보낼 수 있다고 생각하는 것은 비현실적이다. 이런 우선순위는 이론상으로는 옳게 보이지만, 실제 경험상으로는 통하지 않는다.

우리는 예수님과의 교제가 다른 모든 범주의 해야 할 일들에 영향을 미치도록 해야 한다. 즉, 우리는 '예수님과의 교제 속에서' 일하고, '예수님과의 교제 속에서' 가정의 의무를 행하며, '예수님과의 교제 속에서' 우리 자신을 돌본다. 그러므로 우리의 가정에서, 소명에서, 교회 봉사에서 예수님이 언제나 '제일 우선'이다. 이것을 잘 이해한다면, 우리의 계획과 예수님의 계획이 서로 경쟁하는 일은 있을 수 없다. 그분이 모든 것의 주인이 되셔야 한다.

데비 스택(Debi Stack)은 「극도의 분주함, 마르다(Martha to the Max)」라는 훌륭한 책에서, 자신이 소위 마르다 신드롬과 싸워온 이야기를 이렇게 전한다. "나의 일 중독증이 절정에 달한 이후로 거의 20년 동안 나는 가만히 앉아서 경청했다. 그러던 중 언제부턴가 '한 가지'를 실행하고 평가해야 할 구체적인 일로 정의하지 않게 되었다. 나는 또한 이것을 배웠다. 앉아 있는 것이 그 '한 가지'는 아니었으나, 그 '한 가지'가 마리아를 앉아 있게 만들었다. 경청하는 것이 그 '한 가지'는 아니었으나 그 '한 가지'가 마리아를 경청하게 만들었다. … 아마도 '한 가지'란 해야 할 일이 아니라 마음 자세이며, 가야 할 장소가 아니라 시작하는 장소인 것 같다."[13]

그 한 가지는 말씀을 통해 하나님과 영혼의 교제를 나누는 것이다. 지금 시작되어 영원히 끝나지 않는 영생을 누리는 것이다. 또한 그것은 성격, 소명, 재능 또는 은사와 상관없이 모든 사람이 경험할 수 있다. 우리는 모두 마르다의 세상에서 마리아의 마음을 가질 수 있다.

---

13. Debi Stack, Martha to the Max as quoted in Minirth, Hawkins, Vogel, just like Us, 168.

아버지를 바라보며… 딸의 기도

하늘에 계신 아버지, 제가 주의 임재 안에서 잠잠하도록, 주의 말씀을 통해 주의 음성을 듣고, 주님과 단 둘이서만 관계를 새롭게 회복하는 시간을 갖도록 도와주소서. 주의 진리에 복종하고, 성부 하나님과 성자 예수님께서 성령에 의해 내 마음속에 거하기 위해 오신 것을 믿음으로써 내 영혼이 갈망하는 그 친밀감을 누리게 하소서. 저에게 마리아의 마음과 마르다의 부지런함을 주소서. 예수님의 이름으로 기도합니다. 아멘.

8
예수, 낭비하는 여자를 사랑하시다

Jesus, Lover of a Woman's Soul

유월절 엿새 전에 예수께서 베다니에 이르시니 이곳은 예수께서 죽은 자 가운데서 살리신 나사로의 있는 곳이라 거기서 예수를 위하여 잔치할새 마르다는 일을 보고 나사로는 예수와 함께 앉은 자 중에 있더라 마리아는 지극히 비싼 향유 곧 순전한 나드 한 근을 가져다가 예수의 발에 붓고 자기 머리털로 그의 발을 씻으니 향유 냄새가 집에 가득하더라 제자 중 하나로서 예수를 잡아 줄 가룟 유다가 말하되 이 향유를 어찌하여 삼백 데나리온에 팔아 가난한 자들에게 주지 아니하였느냐 하니 이렇게 말함은 가난한 자들을 생각함이 아니요 저는 도적이라 돈궤를 맡고 거기 넣는 것을 훔쳐감이러라 예수께서 가라사대 저를 가만 두어 나의 장사할 날을 위하여 이를 두게 하라 가난한 자들은 항상 너희와 함께 있거니와 나는 항상 있지 아니하리라 하시니라.

요한복음 12장 1-8절

많은 사람들이 이미 도리 밴스톤(Dorie Vanstone)의 이야기를 알고 있을 것이다. 그녀는 「도리, 아무도 사랑하지 않은 소녀(Dorie, the Girl Nobody Loved)」와 「어디에서 울어야 하는가(No Place to Cry)」라는 두 권의 책으로 유명해졌다. 여러 기록들에 의하면, 그녀는 예수님과 열렬한 사랑에 빠져 있다. 베다니의 마리아처럼 도리는 후하고, 인정 많으며, 주님께 전적으로 헌신하고 있다. 그녀는 주님과 그분의 영광을 위해서라면 아무것도 아끼지 않는다.

우리가 도리를 알게 된 것은 1971년이다. 우리는 한 수련회에서 그녀와 그녀의 남편 로이드(Lloyd)를 만났다. 그녀는 감동과 은혜가 담긴 어린 시절 이야기를 들려주어 우리로 눈물을 흘리게 만들었다. 그 눈물은 한 어린아이가 겪어야 했던 고통에 대한 슬픔의 눈물이었을 뿐 아니라, 또한 하나님께서 보잘것없는 존재로 태어난 사람을 그분의 영광을 위해 대단한 사람으로 만드신 것에 대한 감사의 눈물이었다.

도리는 어머니도 아버지도 원치 않았던 첩의 자식으로 태어났다. 그녀는 여섯 살 때 캘리포니아 오클랜드의 한 고아원에 보내졌다. 그녀의 어머니는 찾아오겠다고 약속했지만, 그 이후 7년 동안 겨우 두 번 찾아왔을 뿐이다. 그러는 동안 그곳 직원 가운데 한 명이 그녀를 육체적, 성적으로 학대했다. 이것은 같은 기간에 그 고아원에 있었던 다른 사람들에 의해 입증된 이야기다.

가까운 신학대학 학생들이 그 고아원을 방문했을 때, 정말 보잘것없는 소녀였던 도리는 마룻바닥에 앉아 장난을 치고 있었다. 학생들이 복음을 모두 증거하고 나서 떠나려 할 때 한 사람이 돌아서서 말했다. "얘들아, 우리가 말한 내용을 모두 잊어버리더라도, 하나님께서 너희를 사랑하신다는 것을 꼭 기억해라!"

도리는 머리를 숙인 채 마음속으로 이렇게 말했다. '하나님, 지금까지 저를 사랑한 사람은 아무도 없습니다. 하지만 하나님께서 저를 사랑하신다면 저를 가지셔도 좋습니다.' 그날 밤, 언제나 그랬듯이 그녀는 잠자리에 들기 전에 소리 내어 울었다. 그러나 이번에는 전에 흘렸던 것과는 전혀 다른 기쁨의 눈물이었다. 그녀 안에서 어떤 일이 일어났고, 그녀는 하나님을 발견했다는 것, 아니 하나님께서 자신을 발견하셨다는 것을 알았다.

그렇게 고아원 시절을 보낸 후, 도리는 여러 차례 입양이 되었는데 가는 곳마다 계속 학대를 당했다. 하지만 그녀는 한 교회와 연결이 되어 신약 성경을 처음 읽게 되었고, 주님을 온전히 따르기 시작했다. 그녀는 신학대학을 졸업한 후, 경건한 남자와 결혼했으며, 둘은 함께 선교사가 되어 뉴기니의 부족들 사이로 들어갔다.

그런데 도리의 사랑하는 남편, 로이드가 1985년에 갑자기 세상을 떠났다. 이후 홀로 외로운 세월을 보낸 도리는 미국과 세계를 여행하며, 온갖 학대와 무시 속에서 살아가는 이 세상의 소외된 수많은 사람들에게 희망을 주기 위해 하나님께서 하실 수 있는 일들을 나누었다.

만일 도리가 요한복음 12장에 기록된 그 만찬 자리에 있었다면, 베다니의 마리아처럼 가장 먼저 값비싼 향유병을 깨뜨려 예수님의 발에 부었을 것이다. 오늘날 도리의 삶의 특징은 바로 낭비다. 그녀는 빈약한 수입으로 선교사들을 후원하고, 사회에서 무시와 거부당하는 사람들을 위해 지치지 않고 봉사한다. "나는 정말로 주님의 사랑을 받고 싶었다. 그리고 그분을 섬기기 위해 나의 남은 인생을 바친다"라고 그녀는 말한다. 그녀는 아무 망설임 없이, 아무도 자기를 받아주지 않을 때 유일하게 자신을 영접해준 그분을 위해 인생을 바치는 것이다.

사랑은 희생이 따른다.

값비싼 향유를 예수님께 부은 베다니의 마리아에게 물어보라. 그녀는 '낭비'라는 단어 뜻을 다시 정의했고, 사랑은 신중하고 타산적이며 손해보지 않는다는 개념을 영원히 땅에 묻었다. 이 용감한 헌신의 행위로 그녀는 자신의 세상을 변화시켰다.

예수님께서는 관습을 깨고 여자가 자신을 만지고 축복하도록 허락하셨고, 그녀의 개인적인 헌신이 대대로 전해질 것이라고 예언하셨다. 예수님의 가장 헌신적인 추종자들 가운데 여자들이 있었다는 것은 놀라운 일이 아니다.

반대로 예수님 당시의 남자들은 여자들이 지적으로 열등하고 영적, 이성적인 통찰력이 없다고 믿었다. 일부 랍비들은 여자들에게 율법을 전하느니 차라리 태워버리는 게 낫다고 말하기까지 했다.

그러나 예수님께서는 그 여자들에게 그분의 말씀을 맡기셨다. 그들은 예수님의 사역에 동참했을 뿐 아니라, 그분의 가장 친한 친구들이기도 했다.

베다니의 마리아가 예수님께 향유를 부은 이야기는 네 복음서 가운데 세 곳, 즉 마태, 마가, 요한복음에 나온다. 비록 세부적인 내용은 다르지만, 각 저자들이 같은 사건을 이야기하고 있는 것은 분명하다. 그들은 모두 그 사건을 예수님과 제자들이 유월절을 준비하던 마지막 주간에 일어난 일로 본다. 자기가 곧 죽을 것이라는 사실을 아셨던 예수님께서는 베다니 마을, 그분이 인격적으로 치유해주셨던 문둥병자 시몬의 집에서 조용한 시간을 보내셨다.

여기서 예수님을 위한 잔치가 열렸고, 마르다, 마리아 자매와 그들의 오빠인 나사로가 함께했다. 나사로와 다른 사람들이 예수님과 함께 식탁에 앉아 있는 동안, 마르다가 시중을 들었다. 그때 마리아가 조용히 순전한 나드(매우 비싼 향유) 한 근을 가져와 예수님의 발에 부었고, 자기 머리카락으로 그 발을 닦았다. 곧 집안 가득 향유 냄새가 풍겼다.

제자들은 이것을 낭비라며 그녀를 꾸짖었지만, 다시 한 번 예수님께서는 여자의 편을 들어주시며, 옆에서 비판하는 사람들보다 그녀가 더 영적인 통찰력을 가졌다고 칭찬하셨다. 이 헌신의 행위는 그분에게 매우 큰 의미가 있었다.

베다니의 마리아와 막달라 마리아

최근에 나온 많은 책들이 이 특별한 때에 예수님께 향유를 부은 마리아가 바로 막달라 마리아라고 주장한다. 어떤 이들은 이 사건을, 예수님과 마리아가 친밀한 친구 또는 애인 사이였다는 증거로 삼으려 한다. 「성배와 잃어버린 장미(The Woman with the Alabaster Jar)」에서 마가렛 스타버드(Margaret Starbird)

는 이 베다니의 마리아를 막달라 마리아와 연결짓는 전설들을 언급한다. 예를 들면, 서양 미술에서 옥합을 든 모습으로 그려진 여자는 당시 막달라 마리아로 여겨졌던 참회하는 창녀다.

이런 전설들과 달리, 베다니의 마리아는 막달라 마리아가 아니다. 그녀는 항상 마르다와 나사로의 여동생으로 확인된다. 막달라 마리아는 갈릴리 근처 막달라 출신이었기 때문에 항상 '막달라'로 언급된다. 그녀는 마리아라는 이름의 다른 여자들과 구별하기 위해 항상 막달라 마리아라고 칭한다. 우리는 세 명의 마리아가 각기 다른 인물이라는 것을 인정해야 한다. 즉, 누가복음 7장에 나오는 창녀, 누가복음 8장에 소개된 막달라 마리아 그리고 베다니의 마리아다.

신약 성경에서 적어도 다섯 명의 '마리아'를 확인할 수 있으므로 혼란을 느끼는 것은 당연하다. 스타버드는 막달라 마리아가 베다니에서 예수님께 향유를 부은 여자라는 것을 입증할 수 없다고 솔직히 인정한다.[1] 베다니의 마리아와 막달라 마리아를 구분하기만 하면, 그 모든 사실들을 정확하게 설명할 수

---

1. Margaret Starbird, The Woman with the Alabaster Jar(Rochester, VT: Bear and Co., 1993), xxi.

있다.

베다니의 마리아는 복음서에 세 번 이름이 언급되는데, 그때마다 그녀는 예수님의 발 앞에 있다(눅 10:38-42, 요 11:2, 31-32, 12:1-8). '그의 발 앞에 앉아 있다'는 표현은 당시 선생과 함께 공부하는 사람을 가리킬 때 사용되었다. 우리는 한 여성을 학습자 또는 제자의 위치에 두는 것이 얼마나 급진적인 일이었는가를 이미 알고 있다.

세상에 가득한 향기

예수님께서 유월절을 지내러 예루살렘에 오신 것은 용기 있는 행동이었다. 당국이 그분을 무법자로 만들었기 때문이었다(요 11:57). 하나님의 시계는 계속 째깍째깍 움직이고 있었다. 시간이 흐를수록 그분은 구속 계획을 완수하는 일에 더 가까이 다가가셨다. 그분은 온 인류를 위한 유월절 어린양이 되실 것이다. 창세기 3장 15절에 예고된 승리, 즉 사탄이 예수님에게 상처를 입힐 것이지만 예수님께서 사탄을 짓밟으실 것이라는 예언이 며칠 후면 성취될 것이다. 천사들과 마귀들 모두 이 격변의 사건을 기대하고 있었다.

예수님께서 이 세상에 태어나신 목적, 즉 세상의 구세주가 되시는 것은 매우 절박했다. 그분은 다가올 육체적, 영적 고통에 대한 부담으로 마음이 무거우셨다. 며칠 후면 이렇게 말씀하실 것이다. "인자의 영광을 얻을 때가 왔도다. … 지금 내 마음이 민망하니 무슨 말을 하리요 아버지여 나를 구원하여 이때를 면하게 하여 주옵소서 그러나 내가 이를 위하여 이때에 왔나이다 아버지여 아버지의 이름을 영광스럽게 하옵소서"(요 12:23, 27-28).

예수님께서는 지상 생활의 마지막 날들을 베다니에서 보내기로 하셨다. 그곳에서의 기적 기사는 기록되어 있지 않다. 다만 친한 친구들과 제자들을 불러 모으셨다. 곧 있으면 사랑하는 사람들의 보호를 떠나 그분을 미워하는 성난 군중들 속으로 들어가실 것이다. 그분은 그런 문제들을 염두에 두고 계셨다.

이날 밤 예수님을 위한 잔치가 열렸다. 여느 때처럼 마르다는 요리를 하고 손님들을 접대했으나 이번에는 불평하지 않았다. 종종 예수님의 발 앞에 앉아 가르침을 듣던 그녀의 여동생 (베다니의) 마리아는 모두를 깜짝 놀라게 할 어떤 일을 하려고 했다. 물론 예수님께서는 놀라지 않으셨다. 그 행동은 그녀가 다른 제자들과 달리, 예수님께서 자신에 대해 가르치신 내용들을 이해하고 있었다는 사실을 보여준다.

예수님께서는 식탁 의자에 기대어 앉아 계셨다. 마리아는 옥합을 들고 그분에게 왔다. 옥합은 목이 길고 가느다란, 작고 단단한 병이다. 그 안에는 순전한 나드로 만든 향유가 한 근 정도 담겨 있었다. 그것은 인도에서 나는 진기한 식물에서 얻은 향기로운 기름이었다. 고대의 관습대로 그녀는 병의 목을 깨뜨려 다시는 다른 사람이 사용하지 못하게 했다. 그리고 비싼 향유를 예수님의 머리와 발에 붓고, 머리카락으로 닦았다. 당시 문화에서 기품 있는 여자는 공공 장소에 머리를 풀고 나타나지 않았다. 그러나 여기 친구들과 예수님 앞에서 그녀의 사랑은 비난을 감수했다. 마리아는 대담하게 관습을 버리고 예수님의 발을 닦았다.

제자들의 반응은 그들이 예수님의 임박한 죽음에 대해 얼마나 무지한가를 보여주었다. 마가의 이야기에서, 제자들이 유다와 함께 그녀를 비난한 것이 분명히 나타난다. 유다는 그들 모두를 대표하여 이렇게 말했다. "이 향유를 어찌하여 삼백 데나리온에 팔아 가난한 자들에게 주지 아니하였느냐 하니 이렇게 말함은 가난한 자들을 생각함이 아니요 저는 도적이라 돈 궤를 맡고 거기 넣는 것을 훔쳐감이러라"(요 12:5-6).

유다는 목적이 있었다. 이 향유의 값은 300데나리온으로 1년 치 임금이었다. 당시에 보통 남자가 하루 일당으로 약 1데나리온을 받았으나, 여자는 훨씬 더 적게 받았을 것이다. 그 작은 병 안에 들어 있던 1년 치 임금의 가치를 잠시 상상해보자. 사실, 값비싼 향유나 보석이 담긴 이런 옥합들은 물가 상승을 대비해 집안에 따로 보관해두는 경우가 많았다. 통화 가치가 변해도 향유는 그 가치가 보존되었기 때문이다.

유다는 사리를 분별할 줄 아는 사람들에게 통하는 실제적인 견해를 제시했다. 비싼 향유를 허비하는 것은 품위 있는 생활을 위해 남의 것을 훔쳐야 하는 사람에게는 전혀 이해가 되지 않았다. 삶은 고달프고, 형편이 좋을 때에도 옷과 음식을 사는 것이 벅찬 일일 수 있다.

유다는 아마도 예수님께서 자기 의견에 동조해주시길 기대했을 것이다. 물론 가난한 자들을 위해 그 돈을 사용해야 한다는 그의 고상한 말 속에는 악한 동기가 숨겨져 있었다. "이렇게 말함은 가난한 자들을 생각함이 아니요 저는 도적이라."

그는 탐욕을 감추고 있었다. 또한 그는 누군가가 예수님을 깊이 사랑하는 모습을 보는 것이 괴로웠다. 이미 은 30개에 예수님을 팔아넘길 계획을 세우고 있었기 때문이다.

예수님께서는 마리아를 두둔하셨다. "저를 가만 두어 나의 장사할 날을 위하여 이를 두게 하라 가난한 자들은 항상 너희와 함께 있거니와 나는 항상 있지 아니하리라"(요 12:7-8). 마가복음에서는 이런 말을 덧붙였다. "내가 진실로 너희에게 이르노니 온 천하에 어디서든지 복음이 전파되는 곳에는 이 여자의 행한 일도 말하여 저를 기념하리라"(14:9). 보잘것없는 마을에 사는 비천한 집안 출신의 겸손한 여자에게 주어진 약속이다.

놀랍지 않은가.

부연 설명하자면 다음과 같다. "마리아는 일부러 엄청난 돈을 들여 비싼 향유를 사서 이 특별한 때를 위해 아껴두었고, 내가 죽어 장사지내는 날 밤에 나에게 부으려 했다." 또한 그분은 그녀의 행위를 선하고 아름다운 것으로 묘사하셨다. 예수님에 대한 사랑이 그녀를 자극했으나, 되돌아보면 그녀는 거룩한 계획에 의해 인도받았다.

마리아는 단순히 자기가 얼마나 예수님을 사랑하는지

말로 할 수도 있었다. 하지만 말은 값이 싸다. 그녀는 그것을 '증명' 해 보이기 원했다. 그녀는 자신의 은퇴 자금을 예수님께 아낌없이 드렸다고 확실히 말할 수 있다. 그녀의 마음은 사랑이 흘러 넘쳤다. 사랑은 무모하며, 값을 계산하지 않는다. 예수님께서 예언하신 대로 이 향유의 향기는 역사를 통해 퍼져나갔고, 그녀의 이야기는 모든 세대에 전해졌다. 당신이 이 이야기를 읽고 있다는 사실이 또 하나의 증거다.

당신은 아마 「크리스마스 선물(The Gift of the Magi)」이라는 단편을 기억할 것이다. 젊은 미국인 부부, 델라와 짐은 매우 가난했지만 서로를 진심으로 사랑했다. 델라의 머리카락은 그녀의 큰 자랑거리였다. 긴 머리를 풀면 너무 길어서 마치 긴 옷 같았다. 짐에게는 금시계가 있었다. 그것은 아버지가 물려주신 것으로 그의 자랑거리였다. 크리스마스 전날, 그들은 서로에게 줄 것이 아무것도 없었다.

서로 깊이 사랑했던 델라는 자기 머리카락을 20달러에 팔아 사랑하는 남편에게 그의 멋진 시계에 걸맞는 백금으로 된 시계 줄을 사주기로 결심했다. 그날 밤 집에 돌아온 짐은 델라를 보고 잠시 넋이 나간 얼굴로 아무 말도 하지 못했다. 천천히 그는 그녀에게 선물을 건넸다. 그것은 거북이 껍질로 테두리를 만들어 그 위에 보석을 박은, 그녀의 사랑스러운 머리카락을 위한 빗이었다. 그는 시계를 팔아서 그것을 산 것이다. 진정한 사랑은 아낌없이, 기쁘게, 희생하여 주는 것 외에는 생각할 수 없다.

다윗은 하나님에 대한 자신의 사랑을 묘사하며 이렇게 말했다. "값없이는 내 하나님 여호와께 번제를 드리지 아니하리라"(삼하 24:24). 사랑은 남은 것을 주지 않는다. 사랑은 가장 값진 것을 주며, 그 결과를 신경 쓰지 않는다.

깨진 옥합은 하나님께서 쓰시는 사람의 상징이다. 엘리자베스 엘리엇(Elisabeth Elliot)은 고난을 "당신이 원치 않는 어떤 것을 갖는 것, 또는 당신이 갖고 있지 않은 어떤 것을 원하는 것"으로 묘사한다. 이것은 우리의 고난에도 적용된다. 꽃들을 짓뭉갤 때 더 진한 향기가 나는 것처럼, 우리가 견뎌내는 시련들과 받은 은혜로 인해 우리의 헌신은 더 깊어진다.

주석가들이 종종 여기서 그 이상의 의미를 발견하는 것은 놀라운 일이 아니다. 이 이야기 속에서, 우리는 마리아의 헌신적인 행위 때문에 아름다운 신앙의 향기로 가득한 교회의 모습을 본다. "사랑의 행위는 영원히 가치 있는 것, 시간이 지나도 결코 사라지지 않는 것을 세상에 가져다준다."[2]

우리는 긍정적이고 밝으며 유쾌한 종교를 원한다. 즉, 예수님을 기쁘시게 하고 세상에 영향을 미치기 위해 필요한, 깊이 있는 헌신을 위해 애쓰기를 원치 않는다. 때로는 고난과 압박이 훌륭한 사람이 되는 과정이다. '고난으로부터 순종'을 배워야 했던 욥, 바울, 또는 예수님께 물어보라(히 5:8). 아마 하나님께서 크게 사용하시는 사람 치고 깨어져서 겸손해지는 과정을 먼저 거치지 않은 사람이 없을 것이다.

예수님께서는 "어째서 너희는 그녀가 과도하게 바친 것을 비난하느냐?"라고 물으셨다. 그 질문은 왜 이 여자가 그 비싼 향유를 모두 '허비했는지'를 물으시는 것으로 이해하면 안 된다. 그것은 오늘날 우리 자신이 왜 그런 아낌없는 사랑을 나타내 보이지 않는가를 물으시는 것이다. 불행히도 우리는 이성적으로 계산해서 적당한 만큼 드리라는 가르침만 받는다. 하지만 예수님께서는 우리에게 가난한 자들을 돕는 것보다 훨씬 더 많은 것을 요구하신다.

---

2. William Barclay, The Gospel of John, Vol. 2(Edinburgh: St. Andrews Press, 1955), 129.

돈을 얼마나 써야 하는지에 대해서는 모두가 생각이 다르다. 때때로 의견이 일치하지 않는 것이 당연하다. 당신이 가난한 자들을 위해 돈을 쓴다면, 얼마를 나누어주어야 하는가? 또 만일 고아원을 짓기로 한다면, 어디까지가 적당하고 어디서부터 낭비인지 누가 선을 그어줄 것인가? 만일 당신이 선교사를 후원하기 원한다면 어떤 방식으로, 얼마를 후원할 것인가? 값비싼 향유 옥합을 깨뜨려 곧 죽을 사람에게 붓는 것은 언뜻 보았을 때 누구나 명백한 낭비라고 생각할 것이다.

사랑은 기꺼이 허비한다. 사랑은 때때로 자발적으로 터무니없는 일들을 한다. 때로는 다른 목적을 위해 아껴두었던 것을 사랑하는 사람을 위해 다 써버린다. 마음은 항상 머리를 좇아가지 않는다. 사랑은 탕자의 아버지가 돌아온 아들을 환영하게 만들었다. 자기가 물려받을 재산을 일찍 달라고 요구함으로써 아버지에게 무례한 짓을 하고 가족의 명예를 더럽힌 그 아들을 말이다.

"예수 그리스도는 이 선한 여자를 위해 놋쇠보다 오래가고 대리석보다 내구성이 좋으며, 세상의 훌륭한 기념물들이 모두 사라지고 이집트의 피라미드들이 사막의 모래와 섞여버려도 영원히 존재할 기념비를 세우셨다."[3] 이 기념비는 뉴욕의 항구에서 이민자들을 환영하는 자유의 여신상보다 더 훌륭하다. 마리아의 주춧돌은 온 세상이다. 왜냐하면 어디든지 복음이 전파되는 곳마다 그녀의 이야기가 전해질 것이기 때문이다. 가난한 자들을 도울 기회는 언제든지 있을 것이지만, 죽음을 앞두신 예수님께 향유를 부을 기회는 이때뿐이었다. 그녀가 한 일은 기념할 만한 가치가 있었다.

마리아는 예수님께 그 무엇을 드려도 아깝지 않다는 것을 알았다. 그분은 그녀에게 용서라는 값없는 선물을 주시지 않았는가? 그녀는 그녀의 낭비를 지켜보고 비난하던 모든 남자들보다 최고의 찬양과 예배를 받기에 합당하신 분이 앞에 계신다는 사실을 잘 알고 있었다. 그녀는 그 누구도 감히 하지 못한 일을 했다. 실제적인 재정적 손실에 대해서는 전혀 후회가 없었다. 다만 더 많이 드리지 못한 것을 후회했을 뿐이다.

---

3. Bryan Wharton, Famous Women of the New Testament(New York: E. B. Treat Publisher, 1890), 232.

부활의 메시지

마리아의 향유의 향기는 온 세상에 퍼졌을 뿐 아니라 세상을 가르치기도 한다.

그녀는 우리에게 무슨 메시지를 남겼는가?

첫째, 부활의 메시지다. 성경은 예수님께서 곧 죽으시고 장사되실 것이라는 사실을 마리아가 알고 있었다고 말하지 않는다. 그러나 "나의 장사할 날을 위하여 이를 두게 하라"(요 12:7)는 예수님의 분명한 말씀은 그녀가 예수님의 장례식 때 쓰려고 이 향유를 간직해왔음을 의미한다. 그 당시 사랑하는 사람의 시신에 기름을 붓는 것이 관습이었다. 베다니의 마리아는 예수님께서 돌아가실 때까지 기다리지 않고 살아 계실 때 그 일을 했다. 이것은 예수님께서 경험하신 마지막 사랑의 행위였다. 그녀는 다른 사람들이 이해하지 못하는 것을 이해하고 있었다.

마리아는 어떻게 알았을까? 틀림없이 주님이 말씀하실 때 면밀히 주의를 기울였기 때문이었을 것이다. 그녀는 예수님의 발 앞에 앉아 그분의 말씀을 들었다. 예수님께서는 그동안 제자들이 이해하기 바라면서 자신의 죽음에 대해 이야기해오셨지만 그들은 이해하지 못했다. 베드로는 예수님을 나무랐고, 다른 제자들도 예수님의 죽음은 그분의 사명과 조화되지 않는다고 믿었다. 그분이 죽으신 후에도 제자들은 부활을 믿기까지 한참 걸렸다.

그러나 마리아는 이해했다.

흥미롭게도, 부활절 아침 시신에 향유를 부으러 무덤을 찾아간 여인들 가운데 베다니의 마리아는 없었다. 예수님께서 살아 계시는 동안 선물을 드린 그녀는 나중에 그 일을 해야 할 필요성을 느끼지 못했다. 물론 우리는 구세주의 장례를 잘 치르기 위해 향품을 가져간 다른 여자들을 높이 평가한다. 그러나 이 마리아(우리는 그녀를 축복한다)는 이미 그분에게 향유를 부었다.

이것은 또한 그녀의 풀어헤친 머리카락에 대해 더 자세히 설명해준다. 유대인들은 슬퍼하고 애도할 때 일부러 외모를 흐트러뜨리는 관습이 있었다. 마리아는 당시의 관습을 따랐던 것이다. "그녀는 가장 훌륭한 스승의 장례식을 위해 향유를 붓고 있음을 알았고, 그녀의 아낌없는 선물은 그 몸에 배어들어 십자가 위에서와 무덤 속에서도 그분과 함께 있으리라는 것을 알았다."[4]

시카고의 한 장례식장에서 어떤 아버지가 짧은 편지를

써서 관 속에 누워 있는 죽은 아들의 손 밑에 두었다. '사랑한다'는 간단한 말이었다. 그 아이가 살아 있을 때 그 말을 했더라면 얼마나 더 좋았겠는가? 꽃들로 관 둘레를 장식할 때까지 기다리지 말고, 사랑하는 이들이 그 꽃을 감상할 수 있을 때 꽃을 선물해주었더라면 얼마나 더 좋았겠는가?

둘째, 그녀는 은혜의 메시지를 전했다. 그녀의 친절한 사랑의 행위는 우리의 깨어진 세상을 감화시킨다. 예수님에 대한 그녀의 헌신은 굉장히 귀한 것을 희생하게 했지만, 그 대신 그녀가 만나보지 못할 여러 세대에 복을 주었다. 그녀는 우리가 예수님을 통해 받는 은혜가 개인적인 희생을 감수할 만큼 가치 있을 뿐 아니라 세상에 전해야 할 메시지라는 것을 상기시켜준다. "우리는 사랑할 때마다 상처도 더 많이 받는다. 그러나 신약의 교회는 다른 모든 사람들을 넘치도록 사랑했기에 세상을 이겼다."[5]

하나의 사랑의 행위가 한 아이를, 또는 한 부부의 결혼 생활을, 한 교회를 변화시킬 수 있다. 우리가 볼 수 없는 축복의

---

4. M. Madeline Southard, The Attitude of Jesus Toward Woman(New York: George H. Doran Company, 1927), 46.
5. Alan Clason, "The Value of Broken Things," Alliance Witness, April 1, 1987.

도미노패들이 감추어져 있고, 그것은 영원까지 계속 이어진다.

변화를 일으키는 교훈들

사랑은 값을 따지지 않는다. 당신이 예수님을 사랑한다면 기꺼이 오해받고, 기꺼이 위험을 감수하며, 기꺼이 모든 것을 버리고 예수님을 따르며, 기꺼이 돈 잘 버는 직업을 거절하고 외국에 나가 박봉에 인정도 못 받으면서 섬기는 일을 택할 것이다. 왜 그런가? 예수님에 대한 사랑이 다른 우선순위들을 능가하기 때문이다.

마리아는 우리에게 지나친 낭비의 교훈을 가르쳐준다. 깨진 그릇은 상한 몸에 향유를 부었다. 사도 바울은 고린도 교인들에게 주의 만찬에 대한 교훈을 전하면서, 최후의 만찬에서 예수님께서 떡을 떼신 장면을 언급한다. "이것은 너희를 위하는 내 몸이니 이것을 행하여 나를 기념하라"(고전 11:24). 예수님께서는 그 몸이 상하는 것이 어떤 것인지 아신다. 그분의 생명이 우리를 위해 부어졌고, 이 사랑의 증거를 통해 그분은 우리에게 용서를 주실 수 있었다. "그가 찔림은 우리의 허물을 인함이요 그가 상함은 우리의 죄악을 인함이라"(사 53:5). 그분의 상함은 우리 자신의 구속의 기초다.

마리아와 유다의 인색함을 대조시켜보자. 흥미롭게도 유다는 이 선물이 낭비라고 말했다. 그러나 예수님께서는 나중에 유다에 대해 말씀하실 때 그와 똑같은 헬라어 단어를 사용하셨다. 즉, 아버지께 기도하면서 "그 중에 하나도 멸망치 않고 오직 멸망의 자식뿐이오니 이는 성경을 응하게 함이니이다"(요 17:12)라고 말씀하셨다. '멸망'이라는 단어는 여기서 '낭비'로 번역된 단어와 똑같은 말이다.

그러므로 유다는 마리아가 돈을 '낭비한다'고 비난했지만, 정작 자신은 삶 전체를 낭비한 것이다. 마리아는 사랑과 헌신으로 가장 좋은 것을 드렸다. 유다는 이기심과 반역으로 가장 나쁜 것을 드렸다. 그는 잔치에 소동을 일으키지 않고 유대인 지도자들이 예수님을 체포할 수 있도록 길을 열어주었다. 그는 노예 가격으로 예수님을 팔았다. 예수님 앞에서 그의 마음은 부드러워지기는커녕 더 완고해졌.

결국 그리스도를 위해 한 일들은 무엇 하나 헛된 것이 없다. 바울은 그가 받은 재정적 후원을 "받으실 만한 향기로운 제물이요 하나님을 기쁘시게 한 것"(빌 4:18)이라고 말한다. 우리의 선물과 선행의 향기는 사라져버리지만 예수님께는 항상 남아 있다.

마리아가 헌신한 결과 그 집은 그 향기로 복을 받았다. 그 마을 자체가 복을 받아 오늘날까지도 마리아, 마르다, 나사로의 동네로 유명하다. 또한 그녀의 예배의 향기가 쉽게 열광하고 감사할 줄 모르는 우리의 문화에까지 영향을 미치고 있으니, 온 세상이 복을 받고 있다. 그리고 당연히 예수님께서 복을 받으셨다.

몇 년 전에 우리 교회 목회자 가운데 한 사람의 아내인 카렌이 오시리(Osiree) 난민 수용소의 사람들에게 옷과 양식을 주기 위해 아프리카 나미비아로 떠나는 그룹에 합류했다. 그녀는 그들의 절망적인 삶을 보고 충격을 받았다. 부모들은 자식들을 먹이기 위해 자신은 굶고 있었다. 그러나 그리스도인들은 고난에도 불구하고 기뻐했다. 어느 날 밤, 천막 바닥에 쥐들이 뛰어다니는 소리가 들릴 때 예수님께서는 그녀에게 이 사람들을 도우라고 명하셨다. 그 첫 번째 여행 이후로, 그녀는 다른 사람들을 데리고 오시리에 열 번도 넘게 갔다. 그녀는 여성들의 센터와 그리스도인들을 위한 교회 건축에 우리 교회가 앞장서도록 동기를 부여했다. 그리고 그 여성들에게 퀼트를 비롯한 다양한 기술들을 가르쳤다. 또한 의복, 양식, 의료 용품과 여러 장비들을 다섯 대의 세미트럭 컨테이너에 가득 채워 난민 수용소로 보냈다. 그리스도를 향한 카렌의 일편 단심 헌신이 수많은 사람들에게 희망과 큰 축복을 가져다주었다.

몇 년 전에 한 남자가 길을 걸으며 마을의 작은 길을 따라 놓여 있는 등불을 켜곤 했다. 어두워지면 그 등불을 켠 사람은 보이지 않았지만, 그가 남기고 간 불빛을 보고 그가 왔다간 흔적을 알 수 있었다. 마찬가지로 우리는 이 세상에서 자취를 감출 것이지만 다른 사람들이 우리가 남긴 희생의 흔적을 보게 될 것이다. "자금 이후로 주 안에서 죽는 자들은 복이 있도다 하시매 성령이 가라사대 그러하다 저희 수고를 그치고 쉬리니 이는 저희의 행한 일이 따름이라"(계 14:13). 연못에 던진 돌처럼 그 파문은 영원히 계속될 것이다.

하나님께서 우리 삶 속에 가져다주시는 압력에 저항하지 말자. 꽃들이 뭉개지지 않았더라면 마리아는 예수님께 드릴 향유를 얻지 못했을 것이다. 마찬가지로 우리 주님은 우리를 압박하여 우리의 예배와 섬김에서 그분의 향기를 발하게 하신다. 우리가 하나님에 의해 깨어져야 죄로 파괴된 세상을 이길 수 있다. 그러므로 가장 현명한 투자는 하나님 나라를 위해 우리의 생명을 잃는 것이다. 그러면 생명을 얻게 된다. "자기 목숨을 얻는 자는 잃을 것이요 나를 위하여 자기 목숨을 잃는 자는 얻으리라"(마 10:39).

예수님께서는 깨어진 세상을 이기기 위해 우리에게 그러한 헌신을 요구하신다. 무엇이든지 우리 자신을 위해 가지고 있는 것은 잃게 되고, 예수님께 드린 것은 그대로 남을 것이다. "우리가 가진 가장 귀한 것, 가장 비싼 보물을 예수님의 발 앞에 내려놓아야 한다."[6]

---

6. 같은 책.

아버지를 바라보며… 딸의 기도

하늘에 계신 아버지, 제게 마리아의 마음을 주옵소서. 주님을 사랑하여 아낌없이 제물을 바치고 귀한 것을 허비하게 하소서. 제게 값진 예배의 가치를 가르쳐주소서. 제가 아직 주님 손에 맡기지 않은 것들을 보여주소서. 주의 사랑의 손에 제 모든 것을 내어드릴 수 있도록 도와주소서. 제가 바라는 것은 오직 한 가지, 주님을 기쁘시게 하고 영원히 지속될 향기를 주께 드리는 것입니다. 제가 주를 위해 무엇을 희생하기 원하시는지 보여주소서. 예수님의 이름으로 기도합니다. 아멘.

9
예수, 막달라 마리아 그리고 전해오는 이야기들

Jesus, Lover of a Woman's Soul

이후에 예수께서 각 성과 촌에 두루 다니시며 하나님의 나라를 반포하시며 그 복음을 전하실새 열두 제자가 함께하였고 또한 악귀를 쫓아내심과 병 고침을 받은 어떤 여자들 곧 일곱 귀신이 나간 자 막달라인이라 하는 마리아와 또 헤롯의 청지기 구사의 아내 요안나와 또 수산나와 다른 여러 여자가 함께하여 자기들의 소유로 저희를 섬기더라.

누가복음 8장 1-3절

댄 브라운(Dan Brown)은 그의 메가베스트셀러 소설 「다 빈치 코드(The Da Vinci Code)」에서 "예수와 막달라 마리아의 결혼은 역사적으로 기록된 사실이다"고 말한다.[1] 예수님과 마리아를 거룩한 결혼으로 연결시킨 경우는 그가 처음이 아니다. 마이클 베이전트(Michael Baigent), 리처드 리(Richard Leigh), 헨리 링컨(Henry Lincoln)이 쓴 「성혈과 성배(Holy Blood, Holy Grail)」라는 책은 댄 브라운이 제시한 여러 사상들을 담고 있으며, 이미 1982년에 똑같은 주제들을 다루었다.

많은 여성들이 이 문제에 대해 깊이 생각하면서, 만일 예

---

1. Dan Brown, The Da Vinci Code(New York: Doubleday), 245.

수님의 결혼이 사실이고 진리가 감추어졌다면 이야기의 전말을 밝혀 막달라 마리아의 명예를 회복시키고 예수님께서 교회 안의 여자들로 하여금 동등한 권한을 갖게 하셨다는 사실을 입증해야 한다고 주장한다. 많은 책들과 텔레비전 특별 프로들이 예수님과 마리아의 관계에 몰두하고 있다.

댄 브라운은 막달라 마리아 위에 교회를 세우는 것이 예수님의 뜻이었으나, 권력에 굶주린 남자들이 그녀에게서 그것을 빼앗아 베드로에게 책임을 지웠다고 말한다. 막달라 마리아가 십자가 앞에서 울고 있었을 때, 그녀는 예수님의 아내일 뿐 아니라 그분의 아이를 임신한 상태였다고 브라운은 말한다. 그녀는 안전을 위해 애굽으로, 또 프랑스로 도망쳤고, 거기서 그녀의 딸 사라가 프랑스의 메로빙거 왕족과 결혼을 했다. 말할 것도 없이 어떤 사람들은 브라운의 이론을 가지고 역사를 다시 쓰며, 교회 탄생에 있어 막달라 마리아에게 더 큰 역할을 부여하고 있다.

독실한 가톨릭교도인 마가렛 스타버드(Margaret Starbird)는 「성배와 잃어버린 장미(The Woman with the Alabaster Jar)」의 저자다. 그 책에서 그녀는 소위 역사적 개연성에 근거해 예수님이 실제로 마리아의 남편이었다고 가정하는 것이 타당하다고 주장한다.

만일 이것이 사실이라면, 왜 교회가 대중에게 이 비밀을 숨겼는가? 왜 예수님의 결혼 이야기가 정경의 복음서들에 포함되지 않았는가? 스타버드에 의하면, 그 사실이 알려지면 마리아에게 육체적인 위협이 가해졌을 것이며, 그래서 그들 관계의 자세한 부분들을 기록에 포함시키지 않았다는 것이다. 그녀는 계속해서 이렇게 말한다. "물론 나는 성배 이론의 교리, 즉 예수님께서 결혼을 하셨다거나 막달라 마리아가 그분의 아이를 낳았다는 것 등이 사실임을 입증할 수 없다. … 하지만 이것들이 중세기에 널리 퍼져 있던 이단 교리라는 것, 그 이단의 화석들이 수많은 예술 작품과 문학에서 발견된다는 것, 로마 교회의 성직자들에 의해 맹렬한 공격을 받았다는 것, 그리고 혹독한 박해에도 불구하고 살아남았다는 것을 증명할 수 있다."[2]

'다빈치 코드'라는 명칭은 레오나르도 다빈치가 예수님과 마리아의 결혼을 잘 알고 있던 조직, 즉 시온 수도회라는 그룹에 속해 있었다고 말하기 때문에 붙여진 것이다. 이 배타적인

---

2. Margaret Starbird, The Woman with the Alabaster Jar(Rochester, VT: Bear and Co., 1993), xxi.

단체는 정교한 의식과 함께 그 비밀을 한 세대에서 다른 세대로 전했다. 시온 수도회 회원이었던 레오나르도는 교회의 노여움을 살까봐 자기가 알고 있는 사실을 공공연히 말할 수가 없었을 것이다. 그래서 이 거장 화가는 이단의 진리를 암호화하여 그림에 포함시킬 수밖에 없었다.

그러므로 브라운은 다빈치의 유명한 작품 「최후의 만찬」에 예수님 옆에 앉아 있는 막달라 마리아를 그렸다고 말한다. 그는 일반적으로 생각하는 것처럼 사도 요한이 아니다. 그리고 식탁에는 성배가 없다. 마리아 자신이 잔이고 성배이기 때문이며, 그녀가 예수님의 아이를 가짐으로써 예수님의 피를 지니고 있었기 때문이다. 우리는 그 비밀 문서들이 밝혀지면 이런 결론들을 입증해줄 것이라는 말을 듣는다.

우리는 대부분의 예술사학자들이 예수님 오른편에 앉은 사람은 「다빈치 코드」에서 말하는 것처럼 마리아가 아니라 요한이라고 주장한다는 것을 주목해야 한다. 또한 식탁에 성배가 없었던 것은 레오나르도가 성찬이 아닌 배반에 관심이 있었기 때문이다. 마리아가 예수님의 아이를 가졌기 때문에 그녀가 곧 성배라는 생각은 최근에 꾸며낸 이야기일 뿐이다.

우리가 알다시피 기독교의 발단에 대한 이 엇갈리는 이야기는, 특히 초대 교회가 그 후의 교회들보다 여자들을 더 수용해주었다고 주장하는 사람들에 의해 우리 시대에 폭넓게 탐구되고 있다. 일부 로마 카타콤의 벽에는 기도하며 손을 들어올리고 있는 여자들의 그림이 그려져 있다. 이는 명백히 주교 역할을 하고 있는 것으로 보인다. 그래서 어떤 이들은 마리아가 예수님과 결혼했던 것이 사실이라면, 교회가 남성의 지배와 권력을 유지하기 위해 진리를 감추었을 것이라고 믿는다.

1945년, 영지주의 복음서의 발견은 막달라 마리아에 관한 논의에 새로운 장을 열어주었다. 영지주의자들(영지, 영적 인식이라는 뜻의 'gnosis'라는 단어에 근거를 두고 있으며, 'knowledge'라는 단어도 여기에서 나왔다)은 예수님 바로 다음 시대에 살았고, 비밀 체험을 통해 지식을 얻는다(즉, 비밀을 전수받은 소그룹에게만 지식이 전해진다)고 주장했다. 이 영적 인식은 가르침을 받은 사람들만 깨달을 수 있는 통찰을 주었다.

그들의 기독교는 신약 성경에 나오는 초대 교회보다 더 여성을 지지했다. 또한 하나님을 때때로 양성적인 존재, 즉 남자인 동시에 여자로 묘사한다. 어떤 영지주의 책들은 성적인 의식에 대해 말하기도 하고, 또 예수님과 그분의 제자들에 대한 가르침을 매우 복잡하게 만들기도 한다. 그들은 객관적인 역사의 기록이 아니라 우리 자신을 들여다봄으로써 예수님을 만날 수 있다고 믿었다.

초대 교회 교부들은 영지주의자들이 개인적인 깨달음에 대한 자신들의 이론을 정당화하기 위해 예수님의 진실한 가르침들을 제거해버린 이단자들이라고 믿었다. 학자들은 오래전부터 초대교회 교부들의 글을 통해 영지주의자들의 가르침을 알고 있었다. 교부들은 이 널리 퍼져 있는 이단에 대해 반대하는 글을 썼다. 그러나 진짜 영지주의자들의 문서는 세상에 알려지지 않은 채 다 유실되었다.

그러다가 1945년 이집트의 나그함마디(Nag Hammadi)에서 오래전에 묻어두었던 문서들이 발견되었다. 당연히 학자들은 큰 관심을 기울였고, 그 문서들을 통해 교회의 초기 역사가 잘 조명되었다. 그 가운데는 예수님의 제자들이 쓴 것으로 추정되는 여러 복음서들이 있다. 실제로 '도마복음'에는 114개의 예수님의 말씀이 담겨 있다고 한다.

이 문서들이 막달라 마리아와 무슨 관계가 있을까? 그녀는 예수님과 가까이 지낸 것으로 몇 번 언급된다. 사실 마리아는 예수님의 총애를 받는 제자, 예수님께서 특별한 관심을 쏟으신 제자로 나타난다. 따라서 이 문서들은 예수님과 마리아의 관계에 대한 우리의 연구에 빠져 있던 부분을 보충해줄 것으로 보인다.

영지주의 복음

「다빈치 코드」에서는 교회가 예수님과 마리아의 결혼에 대한 진리를 은폐함으로써 '인류 역사상 가장 큰 은폐 공작'에 착수했다고 말한다. 그러면 실제로 예수님과 마리아에 대해 말하고 있는 신약 성경 외의 가장 중요한 두 문서에서 결혼의 증거를 찾아보자. 먼저, '빌립복음'에 이런 말씀이 있다.

> 막달라 마리아는 예수님의 친구다. 예수님께서는 다른 제자들보다 그녀를 더 많이 사랑하셨다. 그분은 다른 모든 제자들보다 그녀의 얼굴에 자주 입맞추셨다. 제자들이 그분에게 말했다. "당신은 왜 저희 모두보다 그녀를 더 사랑하시나이까?" 구세주께서 그들에게 대답하셨다.

"내가 왜 너희를 그녀처럼 사랑하지 않겠느냐? 소경과 볼 수 있는 자가 어둠 속에 있을 때, 그들은 서로 다르지 않다. 빛이 오면 볼 수 있는 자는 빛을 볼 것이요, 소경은 어둠 속에 남아 있으리라."[3]

파피루스의 질이 좋지 않아 한두 글자가 지워졌다는 것을 알아야 한다. 본문은 "그녀의… (공백)에 자주 입맞추셨다"라고 되어 있다. 그래서 학자들은 그 빈칸에 입, 얼굴, 이마 등의 단어를 채워넣는다. 사실, 본문은 '손'이나 '뺨'을 말했을 수도 있다. 문맥상 예수님께서 또한 다른 제자들에게도 입맞추셨다는 사실을 내포하고 있기 때문이다. 중동 지방의 관습상 뺨에 입맞추었을 가능성이 크다.

여기서 예수님께서 마리아의 친구로 소개된 것이 아마 그들의 결혼에 대한 가장 좋은 증거일 것이다. 그러나 '친구(companion)'라는 단어는 배우자를 의미하지 않는다. 그것은 자매 또는 영지주의 성경이 번역한 것처럼 단순히 친구를 의미한

---

3. Willis Barnstone and Marvin Meyer, The Gnostic Bible(Boston and London: Shambhala, 2003), 273.

다. 그들을 남편과 아내로 볼 증거는 없다.

이 이야기는 믿을 만할까? 대답하기 전에 학자들은 이 책이 3세기 중반쯤, 예수님께서 살다 가신 지 약 200년 후에 쓰여진 것으로 본다는 사실을 명심하라. 즉, 정확한 목격자의 이야기가 아니라는 뜻이다. 당신이 조지 워싱턴(George Washington)에 대한 글을 읽는다면, 실제로 그를 알았고 그와 함께 살았던 사람들의 이야기와 조지 워싱턴이 죽은 지 200년 후에 살았던 사람의 글 가운데 어떤 것을 더 믿겠는가? 특히나 후자의 경우 조지 워싱턴의 입을 빌려 자신의 정치적인 사상을 말하려 했다는 것을 알고 있다면 어떻겠는가?

'빌립복음'의 나머지 부분에서는 예수님이 하나님께로부터 나온 여러 존재들 가운데 하나로 나타난다. 이런 종류의 문서는 분명히 예수님에 대한 어떤 믿을 만한 이야기를 하기보다는 이교도의 철학을 말하기 위한 것이다. 역사적 사실들에 대해 관심이 없더라도 무엇이든지 쓰고 싶은 내용을 쓸 수 있다.

우리는 이 복음서를 누가 기록했는지 모른다. 신약 성경에 나오는 빌립이 쓰지 않았다는 것은 거의 확실하고, 산재한 영지주의 사상들을 조잡하게 끼워 맞춘 가짜 저자의 글일 가능성이 커 보인다. 영지주의 작가들은 자신들의 글에 신빙성을 부여하기 위해 사도들의 이름을 사용했다. 아마 이 미지의 작가는 자신의 생각을 기록했을 것이다. 막달라 마리아에 대한 전설들은 이미 3세기경에 돌고 있었기 때문이다. 하여튼 이 저자는 안건을 가지고 있었고, 그것을 완성하기 위해 필요한 수단들을 다 동원하려 했다.

'마리아복음'이라는 또 하나의 영지주의 문서에서는, 막달라 마리아가 구세주께 받은 특별한 계시를 가지고 있는 것으로 묘사된다. 베드로의 요청으로 마리아는 자신이 예수님과 함께 본 환상에 대해 그리고 사람이 환상을 볼 때 혼을 통해 보는지 영을 통해 보는지 예수님께 질문했던 것에 대해 다른 제자들에게 이야기한다. 구세주는 이렇게 대답했다. "사람이 보는 것은 혼을 통해서도 영을 통해서도 아니다. 그 둘 사이에 존재하는 마음이 환상을 본다."

혼에 대한 다소 애매한 설명이 있은 후, 베드로가 묻는다. "예수님께서 정말 우리도 모르게 한 여자에게 몰래 이야기하셨단 말인가? 우리는 모두 그녀의 말을 들어야 하는 건가? 그분은 우리보다 그녀를 더 좋아하신 걸까?" 마리아는 눈물을 흘리며 베드로에게 이것이 자기가 지어낸 이야기가 아님을 이해시켰다.

이 시점에서 레위가 대화에 끼어들어 말한다. "베드로, 넌 항상 화를 내는구나. 지금 넌 마치 적을 대하듯 이 여자와 싸우고 있는 것 같아. 구세주께서 그녀를 귀하게 여기셨다면, 어떻게 네가 그녀를 무시할 수 있겠니? 틀림없이 구주께선 그녀를 아주 잘 알고 계셔. 그래서 우리보다 그녀를 더 사랑하신 거겠지."[4] 그때 제자들은 밖으로 나가서 전도하라는 권고를 받고, 곧 그렇게 한다.

나는 이 이야기가 영지주의자들이 측근 그룹에게 비밀을 전수하는 은밀한 교리를 정당화하기 위한 또 하나의 시도라고 생각한다. 이 이야기는 아마 두 가지 이유로 이 책에 포함되었을 것이다. 첫 번째로 여자들이 설교할 수 있다는 것을 강조하기 위함이다. 그리고 두 번째 가장 중요한 이유는 하나님으로부터 받은 사적인 계시들이 주교들의 가르침과 동등한 지위를 갖는다는 것을 말하기 위함이다. 부활을 처음 목격한 자로서 복음서에서 두각을 나타내는 막달라 마리아는 그 대화에 적합한

---

4. 같은 책, 479-481.

사람이었을 것이다.

우리는 이 두 영지주의 복음에 나오는 이야기들을 거부할 충분한 이유가 있지만, 설령 그것들이 사실이라 하더라도 그것이 마리아와 예수님 사이의 로맨틱한 관계, 심지어 부부 관계를 가리킨다고 말하는 것은 터무니없는 과장임을 알아야 한다. 이 점에서 「다빈치 코드」는 속기 쉬운 독자들이 이 이야기들을 믿기 바라며 가상 데이터에 근거한 결론을 내린다.

전해오는 이야기들

나(어윈)는 이 주제를 연구하면서 시간을 내어 린 피크넷(Lynn Picknett)과 클라이브 프린스(Clive Prince)의 「템플 기사단의 폭로(The Templar Revelation)」를 읽었다. 예수님과 마리아가 결혼을 했다, 또는 적어도 그들이 성적 파트너였다고 자세히 주장하는 책이다. 요약하면, 두 저자는 약 9세기경 마리아에 대한 전설이 생겨난 남부 프랑스의 막달라 마리아 성당을 순회했다. 그 책의 목적은 이 전설의 가치를 검토하고, 그럴듯한 이야기에 동조하며, 그 과정에서 신약 성경에서 발견되는 예수님에 대한 전통적인 가르침을 파괴하려는 것이다.

그들은 여행중에 막달라 마리아에 대한 전설들이 이교도의 여신 이시스(Isis)와 관련이 있으며, 예수님의 어머니 마리아에 대한 모자(mother-child) 숭배와 관련이 있음을 알게 되었다. 게다가 막달라 마리아 센터들이 있는 곳에는 어디든지 성당들과 세례 요한에 대한 신화들이 있다. 저자들은 요한이 실제로 신약 성경에 나와 있는 것처럼 예수님의 권위 아래 복종하지 않았으며, 오히려 예수님이 요한의 제자였다고 주장한다. 그리고 요한의 기름부음을 받은 후계자가 실제로 사도행전에 나오는 마술사 시몬이었다.

지금까지 들은 내용으로 충분하지 않다면,「템플 기사단의 폭로」에서 예수님, 세례 요한, 막달라 마리아가 모두 '하나님에 대한 영지주의적 깨달음'을 얻었고, 사람들에게 세례를 주면서 '고대의 신비로운 전통'을 전수했다는 내용을 보면 깜짝 놀랄 것이다. 마술사 시몬이 보여준 기적들은 예수님의 기적과 마찬가지로 이 종교적 실천의 본질적인 부분이었다. "최초의 세례식에서부터 이집트의 신비의식에 대한 조례에 이르기까지, 의식은 이 운동의 중심이었다. 그러나 최고의 비밀은 성적인 환희를 통해 전수되었다."[5]

이 모든 것들이 어디서 왔는지 궁금하다면, 저자들이 쓰는 기본 방법이 이것임을 이해하라. 즉, 그들은 모든 전설과 고대의 신비 의식들을 수집하고, 이 은밀한 신화들에 비추어 신약의 기사들을 해석한다. 말하자면, 신약 성경의 이야기들을 이교도의 신화와 의식들에 강제로 끼워 맞추는 것이다. 따라서 우리는 예수님 자신이 여신의 아들로 판명되고, 베다니의 마리아(저자들은 그녀가 막달라 마리아라고 믿고 있다)가 향유를 부은 것이 여성 사제들이 행한 성적 의식으로 판명된다 하더라도 놀라서는 안 된다. "예수님께 기름을 부은 것은 이교도의 의식이었다. 그것을 행한 여자, 곧 베다니의 마리아는 여성 사제였다. 이 새 시나리오에서는 예수님의 측근 그룹 안에서 그녀의 역할이 성적인 의식을 인도하는 것이었을 가능성이 크다."[6]

그리스도인들은 이런 근거 없는 주장들에 소름이 끼치는 것이 당연하다. 그러나 일단 신화들에 역사성이 부여되고 서로 관련 있어 보이는 사건들 간에 가상적인 연결 고리들이 생기

---

5. Lynn Picknett and Clive Prince, The Templar Revelation: Secret Guardians of the True Identity of Christ(New York : Touchstone Books, Simon & Schuster, 1998), 350.
6. 같은 책, 258.

면, 과거에 대한 기록들에 큰 혼란을 일으킬 수 있다. 그럴 때 사람들은 계속해서 진짜 '진리'가 성경에 기록되지 않은 이유는 교회가 항상 여성에 대해 성적으로 억압하고 지위의 격하를 지지해왔기 때문이라고 말할 수 있다. 권력에 굶주리고 돈을 사랑하는 교회는 항상 남성의 주권, 엄격한 통제, '성스러운 여성'의 거부를 지지해왔다.

그 신비주의 저자들이 신약 성경을 그토록 왜곡하여 신비주의 문서로 만들었다는 사실이 정말 믿기지 않는다. 우리를 거룩한 생명과 순결로 부르는 바로 그 책이 부도덕한 이교도 의식을 확증하는 책으로 쓰이는 것이다. "여자를 보고 음욕을 품는 자마다 마음에 이미 간음하였느니라"고 말씀하신 예수님을 그려보라. 예수님께서 신비주의의 성 의식을 인정하고 동참하신다고 상상해보라.

우리는 이레니우스(Irenaeus, AD 130-200)가 그 시대 영지주의자들이 성경을 어떻게 사용했는지를 언급하면서, 그것은 마치 왕의 아름다운 사진을 찍고 그 사진을 재조합하여 여우의 사진으로 만드는 것과 같다고 말한 이유를 이해할 수 있다. 베드로가 거짓 교사들에 대해 말하면서, "여럿이 저희 호색하는 것을 좇으리니 이로 인하여 진리의 도가 훼방을 받을 것이요 저희가 탐심을 인하여 지은 말을 가지고 너희로 이를 삼으니"(벧후 2:2-3)라고 기록한 것은 이상한 일이 아니다. 그것은 그 당시뿐 아니라 지금도 마찬가지다.

더 나아간 평가

우리는 초대 교회가 막달라 마리아를 '사도 가운데 사도'로 간주했다는 말을 자주 듣는다. 이것은 고대 문서에 명확하게 진술된 것은 아니지만, 여자들을 사도로 간주했던 3세기의 지도자 히포이투스(Hippoytus)에 의해 암시되었다. 그의 아가서 주석에는 이런 글이 있다. "여성 사도들이 천사들을 의심할까봐 그리스도께서 직접 그들에게 오셔서 그 여자들로 하여금 그리스도의 사도가 되고 순종함으로 옛날 하와의 죄를 수정하도록 하셨다. … 그리스도께서는 (남자) 사도들에게 자신을 나타내시며 말씀하셨다. … '내가 이 여자들에게 나타났고, 그들을 사도들로서 너희에게 보내길 원했다.'"[7]

---

7. Darrell L. Bock, Breaking the Da Vinci Code(Nashville: Nelson Books, 2004), 20.

사도가 된 여자들에 대한 진술에 마리아도 포함되어 있기는 하지만, 마리아가 특별히 사도로 지명되지 않았다는 것을 주목하라. 이것은 예수님을 따랐고, 빈 무덤을 목격했던 모든 여자들을 가리키는 말이다. 물론 히포이투스는 이 여자들을 사도라 부르지만, 우리는 그의 개인적인 견해에 정경의 무게를 부여해서는 안 된다는 것을 기억해야 한다.

재미있게도 「다빈치 코드」는 "승자들이 역사를 기록한다"고 말하는데, 이것은 신약 성경의 저자들이 그들 마음에 들지 않는 사실들은 은폐하고 남성 리더십이 드러내기 원하는 것만 채택했다는 사실을 함축하고 있다. 그러나 이 현대 학자들은 정작 영지주의 복음서 저자들이 말하는 내용을 액면 그대로 받아들인다. 마치 예수님께서 죽으신 후에 잘 살았고, 거짓으로 글을 썼던 영지주의자들이 더 믿을 만한 것처럼 말이다. 영지주의자들은 '승자'가 아니었다고 말한다 하더라도, 그들은 더 폭넓은 발언 기회를 얻기 위해 진실을 숨기려 했을 것이다.

신약 성경과 영지주의 복음서들의 신빙성을 비교할 시간이 있다면, 곧 신약 성경의 신빙성에 대한 근거가 강력하다는 것을 알게 될 것이다. 반대로, 영지주의 복음서들은 그 문제에 있어 예수님의 역사 또는 다른 어떤 것의 역사라고 칭하지 않는다. 그것들은 비밀 문서이며, 종교적 체험들을 논하고 확증할 수 있는 역사적 사건들을 논하지 않는다. 일부 작가들이 역사적으로 증명할 수 있는 신약 성경의 기사들을 희생하여 영지주의 복음의 위상을 높이려 하는 것은 납득이 되지 않는다.

예수님과 마리아의 결혼을 인정할 만한 다른 이유들이 있는가? 마가렛 스타버드는 유대인의 관습에 따라 랍비로서 예수님께서는 결혼을 하실 수밖에 없었을 것이라고 주장한다. 그러나 우리는 예수님께서 법적으로 랍비가 아니었고, 자신을 그렇게 표현하지도 않으셨다는 것을 알아야 한다. 대럴 보크가 지적한 것처럼, 사도들이 랍비라고 부른 것은 그분이 그들의 선생이었기 때문이지, 그분이 당시 유대교적 구조 속에서 어떤 공적인 역할을 하셨기 때문은 아니다. 이것은 유대인들이 예수님께 무슨 권위로 어떤 일들을 행했는지 물었던 이유를 설명해준다. 즉, 예수님께서는 어떤 공적인 지위를 갖고 계시지도 않았고, 유대교 안에서 인증된 역할을 하지도 않으셨다.[8]

---

8. 같은 책, 37.

게다가 예수님께서는 하나님 나라를 위해 결혼하지 않는 사람들을 칭찬하셨다. 그 시대의 기대와 상관없이, 예수님께서는 자신의 사명을 완수하기 위해 결혼할 필요성을 느끼지 않으셨을 가능성이 크다.

고린도전서 9장 4-6절에서, 바울은 자신이 아내를 데리고 다닐 권리가 있다고 말했다. 만일 예수님께서 결혼을 하셨다면, 바울이 그것을 언급함으로 자신의 주장을 더 확고히 했을 것이다. 그러나 물론 그는 그렇게 하지 않았다. 예수님께서 결혼하셨다는 근거가 없었던 것이다. 하지만 바울의 말은 (일부 저자들과 반대로) 교회가 지도자들의 결혼 사실을 알리는 것을 부끄러워하지 않았음을 보여준다.

마지막으로 대럴 보크가 지적하듯이, 예수님께서는 십자가 위에서 막달라 마리아에게 특별한 관심을 나타내지 않으셨다. 만일 그녀가 예수님의 아내였고 그분의 아이를 임신했다면, 그 상황에서 그녀에 대해 무슨 말이든 하셨을 것이다. 결론은 무엇인가? 일부 유대인 남자들은 종교적인 이유들로 결혼을 하지 않았고, 또 어떤 이들은 실제적인 이유들로 독신 생활을 했다. 애매하고 미덥지 못한 문화적 추측에 근거하여 예수님께서 결혼하셨다고 말할 수는 없다.

우리는 막달라 마리아가 어느 남자에게도 속하지 않았다는 것을 주목해야 한다. 보통 여자들은 남편이나 오빠에 의해 신원이 밝혀졌다. 성경에 막달라 마리아에 대한 언급이 열두 번 있는데, 다른 여자들은 남편들과 함께 소개되는 데 반해 그녀는 항상 단독으로 언급된다. 막달라 마리아의 이름은 늘 혼자다.

예수님께서 막달라 마리아와 결혼하신 것이 사실이라면, 틀림없이 이 정보를 예수님의 초기 제자들이 이용했을 것이다. 크레이그 블롬버그(Craig Blomberg)는 〈덴버 저널(The Denver Journal)〉에서, 로마 가톨릭 교회 안에서 예수의 어머니, 마리아의 중요성을 언급하며 이렇게 말했다.

> 또 한 가지 덧붙여 말하자면, 로마 가톨릭에서 일찍부터 예수님의 어머니인 마리아를 숭배한 것은 주로 성부 하나님과 비슷한 신성을 가진 여성상을 갖고자 하는 열망에서 나온 것이다. 만일 예수님께서 결혼을 하셨다면, 그런 여자가 역사에 아무런 흔적도 없이 사라졌을 리가 없다. 그녀는 다빈치 코드가 예수님의 결혼의 '진리'를

밝히지 못하게 막았다고 주장하는 가톨릭에서 특히 존경받고 칭송을 받았을 것이다.[9]

예수님과 마리아에 대한 전설들의 기원은 9세기 프랑스로 거슬러 올라간다. 한 전설은 마리아와 사라(예수님의 딸)가 노 없는 배를 타고 남부 프랑스로 왔다고 말한다. 이 신화들 가운데 일부는 마치 역사적 신빙성이 있는 것처럼 가장되어 「다빈치 코드」 속에 포함되었다. 그러나 우리는 전설들을 기초로 역사를 세울 수 없다. 또한 내용도 공개된 적이 없고, 그 소재도 알려지지 않은 비밀 문서들을 근거로 예수님의 결혼 사실을 확립할 수는 없는 것이다.

해석의 문제

유명 서점에서 책을 사는 동안, 어쩌다가 점원이 손님에게 하는 말을 듣게 되었다. "예수의 결혼 유무에 대해 여러 가지 해석들이 있습니다." 역사는 얼마든지 우리가 원하는 형태로 만

---

9. 같은 책, 26.

들 수 있다는 것을 분명히 암시하는 말이다. 어떤 사람들은 예수님이 결혼하셨기를 바라면서 그것을 입증하기 위한 시나리오를 구성한다. 또 어떤 이들은 그것이 원문의 근거가 없는 추론이라고 지적한다. 다시 말해서, 이런 문제들은 해결될 수 없고, 개인적인 해석의 문제로 본다.

하지만 그렇지 않다.

역사 연구는 문서와 문화 유물들을 조사하는 것이다. 신화에 역사의 지위를 부여하기 위한 독단적인 결정으로 전락할 수 없다. 스타버드는 자신의 책에서, '아니 땐 굴뚝에 연기 나랴'는 속담처럼 예수님과 마리아에 대한 이런 신화들이 존재한다는 것은 곧 실제적인 근거가 있다는 뜻이라고 말한다. 따라서 예수님께서 이땅에 사신 지 900년 후에 나타난 예수님에 대한 신화들에 신빙성을 부여한다는 말이다.

그러나 신화학은 말 그대로, 여러 가지 현상들을 설명하기 위해 꾸며냈거나(그리스 로마 신화처럼) 어떤 사건이나 지역에 신빙성을 부여하기 위해 조작된 신화들을 연구하는 것이다. 9세기에 남부 프랑스의 성 마리 델마 교회가 막달라 마리아와 그녀의 딸이 자기네 땅을 방문했다는 신화에 애착을 가진 이유를 이해할 수 있다. 미신에 빠지기 쉬운 시대에는 가장 이상한 소문이 사실로 여겨질 수 있는 것이다. 이것은 또한 같은 지역에 존재한 세례 요한의 방문에 대한 미신들도 설명해준다.

예수님의 무덤에서 있었던 마리아의 극적인 이야기와 예수님께서 자신의 부활 사실을 형제들에게 알리라고 그녀에게 명령하신 것을 볼 때, 그녀에 대한 신화들이 생겨난 이유를 쉽게 알 수 있다. 그녀가 영국으로 사라져버렸고, 언젠가 이집트에서 죽었다는 신화들도 있다. 증거 자료가 없는 신화들은 어떤 상황에서나 어떤 이유로든 생겨날 수 있다. 그러나 원칙적으로, 사실적 근거가 없는 이론을 만들어내는 것은 항상 위험하다.

현대의 많은 학문들이 신약 성경을 마치 고대 세계가 깊이 빠져 있던 이단 사상의 일부인 것처럼 해석해야 한다는 전제를 따른다. 따라서 막달라 마리아와 예수님, 이집트의 신 이시스와 키루스를 동급으로 보려고 하는 이들도 있다. 그러나 우리는 신약 성경이 그 시대의 이교 사상을 거부하며 그와 본질적으로 다르다는 것을 기억하고, 성경적인 방법으로 그것을 연구해야 한다. 신약 성경을 이해하면, 왜 이교 사상이 그와 부합할 수 없는가를 이해하게 된다.

우리는 초대 교회 안에서 여성들을 존중한 모습을 발견하기 위해 신약 성경을 다시 쓸 필요가 없다. 우리의 신앙 공동체 안에서 여성들에게 합당한 역할을 맡기기 위해 예수님께서 막달라 마리아와 결혼하셨다고 말할 필요가 없다. 이 책이 보여주듯이, 예수님께서는 여성들의 역할을 승격시켜주셨고, 그들을 그분의 지상 사역의 동역자로 여기셨다. 그분은 여성들이 대중 앞에서 그분의 은혜와 능력에 대해 말할 수 있다는 것을 확증하셨다. 그들의 가치, 위엄, 중요성을 확립해주신 것이다.

예수님과 결혼

예수님께서 결혼을 하실 수 있었을까?

비록 예수님께서 결혼하셨다는 증거는 없지만, 우리는 과연 그분이 한 여성과 친밀한 관계 속에서 결합하실 수 있었을지 여부에 대해 생각해볼 수 있다. 인간으로서, 그분도 그런 친밀함과 교제에 대한 갈망이 있었을 것이라고 가정할 수 있다. 또한 결혼은 '고귀하고 순수한' 것이므로 우리는 다음 단계로 넘어가 "그렇다, 예수님께서는 결혼하실 수 있었다"고 말하고 싶은 유혹을 받는다.

그러나 그분은 인성과 신성을 모두 갖고 계셨기에, 거룩하고 성스러우신 예수님께서 죄인인 인간과 가장 친밀한 육체적 결합을 하시는 것은 생각할 수 없는 일이다. 만일 그분이 결혼을 하셨다면, 아마 그만큼 거룩한 사람과 하셨을 것이다. 즉, 선택의 범위가 엄격하게 제한되었을 것이다.

물론, 언젠가 예수님께서는 결혼을 하실 것이다. 우리는 모두 그분과의 미래의 결혼식을 기대하고 있다. 그분은 지금 교회인 우리와 약혼한 상태다. 즉, 우리는 그분의 신부다. 그분은 천국에서 결혼하실 것을 알고, 이땅에서는 결혼하지 않으셨다. 그분은 일부 다처론자가 아니시다. 그분은 우리 각자와 개별적으로 결혼하시는 것이 아니라, 집단적으로 우리 모두와 결혼하신다. 우리는 각자 그분의 신부들이다.

그날에 우리는 막달라 마리아와 함께 어린양의 혼인 잔치에 초대받을 것이다. 거기서 결혼식이 이루어지는데, 육체적, 성적 결합이 아니라 가장 복되고 친밀한 교제의 결합이 이루어진다. 그렇다. 예수님께서는 한 여자가 아닌, 그리스도의 신부를 구성하는 우리 모두와 결혼하신 것이다.

"우리가 즐거워하고 크게 기뻐하여 그에게 영광을 돌리세 어린양의 혼인 기약이 이르렀고 그 아내가 예비하였으니 그에게 허락하사 빛나고 깨끗한 세마포를 입게 하셨은즉 이 세마포는 성도들의 옳은 행실이로다 하더라 천사가 내게 말하기를 기록하라 어린양의 혼인 잔치에 청함을 입은 자들이 복이 있도다"(계 19:7-9).

이렇게 더 큰 관점에서 볼 때, 예수님의 명백한 독신 생활은 반드시 필요하고 적절했다.

이 혼인 잔치의 초대는 영지주의의 예수님이 아니라 왕의 왕, 주의 주이신 예수님으로부터 온다. "이러므로 하나님이 그를 지극히 높여 모든 이름 위에 뛰어난 이름을 주사 하늘에 있는 자들과 땅에 있는 자들과 땅 아래 있는 자들로 모든 무릎을 예수의 이름에 꿇게 하시고 모든 입으로 예수 그리스도를 주라 시인하여 하나님 아버지께 영광을 돌리게 하셨느니라"(빌 2:9-11).

오직 그분의 초대에 응하는 자들만이 모여서 그 잔치를 즐기게 될 것이다!

아버지를 바라보며… 딸의 기도

아버지, 예수님께서 저를 귀하게 여기사 신부로 불러주시니 감사합니다. 제가 이땅에서의 결혼식 이상으로 예수님의 혼인 잔치를 열망하며 기다리기를 원합니다. 다른 것에 마음을 빼앗기지 않고 주님께 충실하도록 도와주소서. 예수님의 이름으로 기도합니다. 아멘.

예수님이 사랑한 세상의 모든 딸들

1쇄 인쇄 / 2007년 9월 12일
1쇄 발행 / 2007년 9월 20일

지은이 / 어윈 루처 & 레베카 루처
옮긴이 / 유정희
펴낸곳 / (주)도서출판 디모데 〈파이디온선교회 출판 사역 기관〉

등록 / 2005년 7월 1일 제319-2005-24호
주소 / 서울 강남구 포이동 164-21 파이디온 빌딩 6층
전화 / 영업부 02) 574-2630
팩스 / 영업부 02) 574-2631
홈페이지 / www.timothybook.com

값 10,000원
ISBN 978-89-388-1345-9
Copyright ⓒ (주)도서출판 디모데 2005 〈Printed in Korea〉

사랑하는 모든 여성에게 드리고 싶은 책

여성을 위한 야베스의 기도

하나님이 채우시는 풍성한 삶으로의 초대

여성들은 남성들과는 다른 문제와 유혹에 부딪힌다. 이 책은 이땅의 많은 여성들이 야베스의 기도를 하면서 경험한 영적인 도약과 그들이 누렸던 야베스의 복의 원리를 제시한다. 여성으로서 야베스와 같은 삶을 살아간다는 것이 어떤 것인지를 보여주는 이 책은 하나님의 복을 받아 풍성하게 누리며 또 흘려 보내기를 열망하는 당신에게 용기를 줄 것이다.

달린 마리 윌킨슨 지음 | 마영례 옮김 | 192쪽 | 값 6,000원

따라따라 예수 따라가네

벽안의 선교사가 만난 조선 사람 이야기

이 책은 한 여인이 멀고 먼 동방의 작고 폐쇄적이었던 나라 한국에 와서 아이를 낳고 살면서 겪은 일들과 암이라는 질병을 등에 지고도 복음 때문에 이땅을 떠나지 않고 마지막까지 사역한 생의 기록입니다. 이 감동의 기록이 많은 사람들에게 읽혀져 1907년의 역사가 이땅에 재현되기를 바랍니다.

- 홍정길 목사 추천사 중에서

애니 베어드 지음 | 유정순 옮김 | 192쪽 | 값 8,500원

마더와이즈 - 지혜

삶의 다양한 관계 안에서 어머니들을 성숙하게 세워주는 말씀의 원리

이 책은 결혼과 자녀, 직업, 사역에 있어서 제기되는 중요한 질문에 대한 성경적인 해답을 찾는 데 도움을 주기 위한 10주간의 성경 공부 과정을 담고 있다. 이 책의 주제인 지혜를 향한 흥미진진한 탐구는 하나님의 말씀을 통해 다양한 관계 속에서 관계에 관한 진리를 발견함으로 여성들의 삶의 우선 순위를 결정하도록 도와준다.

드니스 글렌 지음 | 원혜영 옮김 | 390쪽 | 값 14,000원

마더와이즈 - 자유

어머니들을 진리 안에서 자유케 하는 다섯 가지 원리

예수 그리스도 안에서 완전한 자유를 누릴 때 가장 가까이 있는 사람들에게 조건 없는 사랑을 표현할 수 있다. 그들이 그런 사랑을 받을 만한 자격이 전혀 없는 상황에서도 말이다. 요한복음 15장에 나오는 포도나무의 원리를 통해 사랑으로 가족을 양육할 수 있는 참된 자유를 누리는 어머니가 되기 위한 열쇠를 발견하라.

드니스 글렌 지음 | 마더와이즈 코리아 번역 팀 옮김 | 384쪽 | 값 14,000원

결혼 생활의 압력을 극복하는 쉼표 하나

결혼 생활에 활력을 더하는 가정 클리닉

달마다 은행에서 날아오는 지출 청구서, 자동차 고장, 제멋대로인 아이들 때문에 당신은 지쳐가고 있는가? 이 귀중한 책에서 당신은 압력 수위를 측정하고, 스트레스로부터 마음이 편안해지는 하나님의 길로 인도하는 여섯 가지 용기 있는 선택들을 발견할 것이다.

데니스 & 바바라 레이니 지음 | 양대모 옮김 |
199쪽 | 값 6,000원

남편과 아내가 기도의 손을 잡을 때

하나 됨을 이루어가는 부부 기도

결혼 생활의 풍성함을 끝까지 유지하고, 하나님이 원하시는 가정을 이루고 싶다면 날마다 함께 기도하는 부부가 되라. 이 책은 매일 함께 기도하겠다는 결심이 어떻게 서로를 더욱 이해하게 하고, 갈등을 해소하며, 두 사람의 마음을 영적으로 단단하게 엮어주는지 밝히고 있다. 이 책에 나오는 30일 간의 도전을 당신의 것으로 삼으라. 어렵지만 의미 있는 그 일을 통해 당신의 삶과 부부 사이와 당신의 가정은 놀라운 사랑으로 가득 차게 될 것이다.

데니스 & 바바라 레이니 지음 | 김창동 옮김 |
168쪽 | 값 6,000원

하나님과 남편, 두 사랑 사이에서

믿지 않는 남편을 둔 아내에게 전하는 희망의 메시지

결혼은 그 자체만으로도 큰 도전이다. 그런데 배우자가 당신 삶의 원천인 하나님을 거부하면, 남편에 대한 사랑과 하나님에 대한 사랑 사이에서 찢어진 듯한 느낌이 들게 된다. 당신은 하나님도 기쁘시게 하고 싶고, 남편도 기쁘게 하고 싶다. 이 두 소망 사이에 갇힌 당신에게 지혜와 격려가 필요하다. 하나님은 그분을 사랑하는 당신의 마음이 남편을 사랑하는 마음과 화합하기를 원하신다. 그리고 그렇게 할 수 있도록 도와주신다.

낸시 케네디 지음 | 김인화 옮김 | 287쪽 | 값 9,500원

당신의 삶을 변화시키는 하나님의 능력

무기력한 삶을 깨워 고동치게 하는 릭 워렌의 강력한 도전

왜 달라질 수 없는 것인가? 뭐가 잘못이란 말인가? 수많은 자기 개발 프로그램들과 식사와 운동을 통한 체중 관리 방법들이 영구적인, 또는 적어도 장기적인 변화를 일으키지 못하는 이유는 무엇인가?
간단하지만 강력한 진리들을 성경에서 이끌어내고 있는 이 책은 구체적인 변화를 위한 실제적인 지침을 제공해주고 있으며, 우리가 원하는 변화를 실제로 일으킬 수 있는 능력과 우리를 연결시켜주고 있다.

릭 워렌 지음 | 마영례 옮김 | 272쪽 | 값 10,000원